此专著为江西服装学院学术著作出版基金资助项目。

为江西服装学院人文学院"江右文化与人文素质教育研究中心"的阶段性成果，

为江西服装学院科研创新团队建设计划中成果。

新媒体时代中国传统文化的传播策略研究

邹晓春 ◎著

吉林文史出版社

图书在版编目（CIP）数据

新媒体时代中国传统文化的传播策略研究 / 邹晓春
著. -- 长春：吉林文史出版社，2023.12
　　ISBN 978-7-5472-9982-1

　　Ⅰ.①新… Ⅱ.①邹… Ⅲ.①中华文化—文化传播—
研究 Ⅳ.①G125

中国国家版本馆CIP数据核字（2023）第215921号

新媒体时代中国传统文化的传播策略研究

XINMEITI SHIDAI ZHONGGUO CHUANTONG WENHUA DE CHUANBO CELÜE YANJIU

著　　者	邹晓春
责任编辑	高冰若
封面设计	清　风
出版发行	吉林文史出版社
印　　刷	三河市九洲财鑫印刷有限公司
开　　本	787mm×1092mm　1/16
印　　张	9.25
字　　数	150千字
版　　次	2024年1月第1版
印　　次	2024年1月第1次印刷
书　　号	ISBN 978-7-5472-9982-1
定　　价	56.00元

前　言

　　文化交流是人们日常生活和社会发展的重要组成部分，是人们通过一系列方法和渠道传播知识、信息、思想的社会活动，与彼此的生活密切相关。随着科学技术的不断进步和人类社会的不断发展，文化的生产和传播也在逐步深化。交往是人们生存和发展的内在需求，也是生产关系的产物。传播可以推动传播方式不断变化，推动人类社会的不断发展进步，推动社会生产技术和传播技术本身的变革。

　　在几千年的发展进程中，中华民族形成了以爱国主义为核心，团结友爱、勤劳勇敢、自强不息的伟大民族精神。伟大的民族精神概括了中国传统文化精神特征的基本内容。中国传统文化精神特质所蕴含的内在逻辑是其具有世界价值的动力源泉，其中不断自我完善是具有世界价值的中国优秀传统文化的逻辑起点。正是基于自强不息、尊重包容的精神，中国传统文化具有很强的同化作用。随着全球化的深入发展和中国日益走向世界舞台的中心，中国优秀传统文化在走向世界的过程中必然面临一些挑战，但也有新的机遇和发展。随着科学技术的飞速发展，新媒体的出现在一定程度上丰富了中国传统文化的传播手段。此外，新媒体时代也为中国传统文化的传播创建了更大的优势：以青年为主体的受众群体面临更广泛的传承力；以数据为核心的技术支持，带来更全面、准确的科技支持；移动媒体下的场景革命面临更丰富、更广阔的传播空间。与此同时，中国传统文化也在传播。通过高水平数字语境下传播环境的重构和数字艺术方式的多元化，构建了跨文化传播的文化桥梁，实现了数字国际传播语言的有效阐明，实现了民族文化内涵的精细化阐明，实现了现代化的改造。基于此，笔者撰写了《新媒体时代中国传统文化的传播策略研究》一书。

　　本书分析了中国传统文化的内涵、传播价值及新媒体时代中国传统文化的传播理论、传播要素等；探讨了新媒体时代中国传统文化传播的体系构建、传播策略及传播效果优化等内容，希望能够为读者提供一定的参考借鉴。

笔者在撰写本书的过程中参考了相关学者的研究成果和文献资料，在此对他们表示感谢。另外，由于笔者水平和时间所限，书中难免存在不足之处，希望广大读者批评指正，笔者当尽力完善。

邹晓春

2023年10月

目　　录

第一章 中国传统文化的内涵与传播价值

第一节 中国传统文化的一般阐释

一、"文化"概念的界定

（一）从人类学的角度来界定

文化是与人一起产生的，文化的本质与人的本质有关。人类与动物的区别在于有目的地劳动。文化成为人类区别于动物的基本形态，本质上是一种与自然相对立的人为创造。文化的本质是创造。文化的定义表述有四点。

（1）文化是受人的意图和活动影响或转变的一种存在，是人类心灵外化和内化的历史运动及其深层本质的结果。

（2）文化是人类本质的表现和成因，是人们为了通过劳动实现自己，满足人们各种需要而创建的人性化世界。

（3）文化是人类实践的产物，是实践能力、方法和成果的总称。实践的结果是人类活动以实体的方式或表象的产物。

（4）文化是如何获得自由的答案。因为人性是经过社会实践获得的自由，所以以实践的方式表现这种性质的，便是社会的物质文化；以观念的方式表现这种性质的，便是社会的精神文化。

（二）从社会功能的角度来界定

（1）文化是生产力。所有人类创造物都可以被视为经过文化人工合成的自然事物。

（2）文化作为一种在特定群体中传播的文化心态和文化氛围，包括思维方式、意识形态、风俗习惯、情感方式等。

（3）文化作为社会交往和人际交往的符号系统，是个体与社会群体之间的纽带，是文化发展程度的反映。

（三）从传播学的角度来界定

所有的文化都在传播，传播是文化的本质，没有传播就没有文化，文化依赖于传播。从这个角度来看，文化是从人类的物质生产和精神活动中抽象出来的原则系统的实现。

二、中国传统文化的内涵与特点

（一）中国传统文化的内涵

中国传统文化一词包括三个小概念，即中国、传统和文化。

西周早期的中国有三层含义：皇帝的城市，即与四位王子相对立的首都；商周封域，远亲举；具体指以洛阳为中心的地区，即夏区，为周诸侯，称为朱夏，又称四夷。从中原到所有的县，再到所有的边疆地区，从汉族到中国所有的民族，从中国的土地发展为一个主权国家的总称。

所谓传统，是指由各种文化因素构成的有机体系，这些文化因素是由人类经过历史凝聚力创建的各种方式的品质所继承和改变的。

所谓文化，广义上是指人类社会在历史实践中创造的物质财富和精神财富的总和；狭义上是指社会意识形态及其相应的制度和组织，有时也指文学艺术。

中国传统文化是中华民族的重要组成部分。在文化的创造上，它从古至今，已有五千年的发展历史。对于大多数人来说，中国古代文化仍然影响着我们当代的文化。

中国传统文化不但占据了中华文明的大部分，而且在今天仍然需要取其精华，去其糟粕，结合时代精神来继承和发展，不受限制。

中国传统文化对中华民族的形成和发展起着非常重要的作用。它是民族精神形成和发展的前提和基础。中国传统文化中有很多宝藏和精华。在意识形态方面，如"富贵不淫、贫贱不除、强权不屈"的高尚情操；"先忧天下、后乐天下"的社会责任感；"立天地之心，立人民之命，继圣贤之学，永享和平"的崇高理想；重义轻利，顾全大局的行为准则；崇尚团结，反对分裂的价值取向，这些都对中华民族精神的形成起到了重要作用。勤劳、诚实、务实、进取、不屈不挠等优良品质是中华民族的民族精神。

传统文化的发展和优化从某种意义上是一个民族发展和进步的必要条件。换句话说，一个民族的自我发展必然伴随着对传统文化去粗取精、去伪存真的过程。

中国传统文化的发展与优化表现为中国传统文化自身在历史进程中的双向分化，社会上的每一代人都是文化的继承者。他们在特定的文化环境中成长。一方面，他们创建和积累新的文化；另一方面，他们深受传统文化的影响。人们根据实际需要和利益的原则对传统文化进行解读和选择，对其价值进行新的评价。在中国传统文化中，符合现实要求的被继承，阻碍和不利于现实主体利益的则被剔除。

（二）中国传统文化的特点

1. 民族性与时代性

中国传统文化具有民族性。从这个意义上说，传统文化便是民族文化，一个民族形成的历史也是其文化传统形成的历史。

中国传统文化具有时代特征。基于文化本质上是社会生活的反映，每个社会时代的不同特征不可避免地体现在文化中。儒家思想是中国传统文化的核心。然而，在战国、汉朝、宋朝、明朝和清朝，它表现出不同的特点。

2. 稳定性与创造性

中国传统文化具有相对的稳定性。人们之所以在文化前面加上"传统"一词，特别是传统文化的深层结构非常稳定，是因为这种超稳定性保证了传统文化在一次次的文化变迁中坚持其本质，使深层结构成为文化传承机制的主轴，并不断延伸民族文化。传统文化越稳定，就越难以产生或引入新的文化元素。

中国传统文化具有创造性。尽管几千年来中国传统文化发生了多次变化，但它仍然散发着灿烂的光辉，这与其强大的创新能力密不可分。从出土的文物可以看出，我们的祖先想象力丰富，善于创造。徐州汉代陵墓，墓室的走廊长约100米，宽1米，高2米，两堵墙之间的线条没有误差，精确的计算，为当代专家惊叹。四川成都附近三星堆出土的文物，青铜面具和金鸟图腾制作精美，充满想象力。这一切都在阐明中国古代有着强烈的创新精神和精湛的技艺。

3. 复合性与包容性

中国传统文化是复杂的。中国传统文化是由多种文化因素构成的整体。中国传统文化不仅以汉族文化为主，而且包括许多少数民族的文化。它是在一种文化的指引下，与其他差异文化相互补充、相互融合的结果。中国传统文化以儒家文化为主体的佛教文化和道家文化在历史上的融合吸收，在一定意义上，它是上述各种文化相互作用、相互渗透、相互整合的产物。传统文化的表现也具有复合性，它既可以体现在有形的物质器皿上，又可以反映在无形的风俗习惯上；既包含在社会制度中，也内化在人们的心理人格上。

中国传统文化具有包容性。从历史的角度来看，异质文化进入中国，逐渐成为中国传统文化的一部分。正如梁启超所云："吾中国不受外学则已，苟既受之，则必能尽吸其所长以自营养，而且变其质，神其用，别造成一种我国之新文明，青青于蓝，冰寒于水。"

中国传统文化把北方民族文化带入了其发展的轨道。当然，这与文化发展水平有关。长期以来，中国传统文化是农业文化，北方民族文化是游牧文化，要想把游牧文化转变为农业文化，就必须学习汉文化。同时，中国传统文化也从少数民族文化中吸收了许多优秀的营养，为汉文化注入了新的血液，使中国传统文化更加丰富多彩。

4. 重视人生和入世的人文思想

从中国古代史的意识形态来看，中国古代史的发展是从家族到国家，以血缘关系维系奴隶制，形成了"家国一体"的格局。社会组织主要是在父子、君臣、夫妻之间的宗法原则指导下创建的宗法集体。中国传统文化崇尚"人与天地相参"，把人与天地放在平等的地位，进而散发出一种朴素而理性的人生体验。它已成为一种重视生活、强调个人努力与家族和国家发展相结合的人文思想传统。

5. 重视伦理纲常的道德教化

在中国传统文化中，人与人之间有五种关系：皇帝与大臣、父子、兄弟、夫妇、朋友。《荀子》记载"国将兴，必贵师而重傅"《朱舜水集·劝兴》中阐述："敬教劝学，建国之大本；兴贤育才，为政之先务。"在中国历史进程中，伦理纲常的道德教化始终是协调人际关系的准则，维护着整个社会的正常秩序，是人们思想的精神支柱。

6. 重视中庸和谐的处世哲学

中庸与和谐对中国传统文化产生了深远影响。"和"文化贯穿于中国传统文化之中，从古代河洛文化到后来的阴阳五行，都坚持"天地和而万物生，阴阳接而变化起"的思想，把一切自然事物视为一个整体的统一和谐发展。中华文明能延续到今天，与中国传统文化中的"中和"思想是分不开的。

基于人与自然和谐相处的理念，"中和"在现实社会中起着团结、整合、凝聚和协调的作用。"中和"治国理政理论在中华民族的血液中代代相传。

7. 重视顽强的文化品格

纵观中国不断奋斗进步的历史，中国是在内忧外患后重生的。在漫长曲折的发展过程中，我们的先人创建了一种顽强的中国传统文化。这种顽强的文化品格不仅促进了民族国家的繁荣，而且成为人民在民族危机时期进行抵抗和斗争的强大精神支柱。中国传统文化崇尚对远大理想的实践和不懈的奋斗，强调人要有一种不屈不挠的奋斗精神。这种顽强的文化品格已然内化为中国人的一种自觉意识，体现了为国家、为民族做贡献的崇高理想。在这种顽强的文化品格的影响下，勇敢奋进，自力更生，使中华民族在艰难困苦中长期屹立于世界民族之林。

第二节　中国传统文化的逻辑展开

在现代社会中，只有具备现代价值的传统文化才是优秀的传统文化。理性是现代工业社会的本质特征之一，因而，我们将理性精神确定为传统文化在现代社会的价值选择标准。"道"是中华民族传统文化的精髓和灵魂，也是中国传统文化的基本特征。它不但是古代圣人的简明文化理性，而且体现了古代的文化特征。从"文明道"到"文之道"，再总结出"文与道合一"和"道的表现就是文"，古代文化体系是"道"的延伸：一方面，自然理性被解释为"天道"，公正、慷慨和现实被解释为天道的属性，使"天道"成为超然独立的价值坐标和传统文化的自然理性；另一方面，基于圣人的"法天立道"，即模仿自然理性，"人性"由此展开，它包括天下为公、为民治国、为德治国等圣人（思想层面）；国王的制度（制度层面），如仪式指引他的意志、音乐和声音、政治和行动、惩罚和预防他的邪恶；仁慈的人爱他人，忠诚、尊重、孝顺、博爱，尊重老人和年轻人，尊重老师和圣贤等（社会层面）。"天道"所体现的自然理性、"人道"所体现的价值理性和社会理性、"统治"所体现的历史理性，与国王的"统治"相结合，四种理性相互作用，展现出传统文化独特的现代价值。

一、理性精神——中国传统文化的理论品格

中国传统文化源远流长，在长期的发展过程中不断推动中国传统社会结构向纵深发展，激发了中华儿女以不屈不挠和坚韧的精神推动中华民族繁荣昌盛。

总体来说，对中国传统文化具体内容的探讨主要集中在自强不息的民族精神、以人为本的人文主义、天人合一的和谐观、人人为世界兴衰负责

的危机意识等方面。

只有深入分析自身文化的起源和发展，深刻理解传统文化，才能把握传统文化的精髓，深刻理解其在当代社会中的强大生命力。首先，我国在现代化建设中取得了显著成就，以科技为代表的生产力发展和成熟系统的经济结构都取得了显著进步；其次，在中国的现代化转型过程中，并逐步在后现代社会转型的背景下进行。西方启蒙思想家认为，"无限丰富的物质财富可以解决人类所有的问题"，甚至在"理性的法庭"上尝试一切。理性主义被无限放大，导致个体成为主体的力量被无限放大。中国迫切需要在全社会构建理性思维和理性精神价值体系，尽快向理性成熟的现代社会转型。因而，我们必须对传统文化中的理性元素和理性精神进行梳理和探索，从理性思维和理性价值的角度重新审视中国传统文化。

二、文以载道——中国传统文化的体用关系

中华民族是一个充满理性精神的民族。大学堂的"三纲八亩"是"治国安邦"政治目标的经典阐明。虽然每个民族都有追求理想的自然倾向，但人民是稳定的、务实的、以自然为导向的、以人为本的。在这样的社会土壤中形成的民族文化往往具备理想与现实的二重性：在理论层面上追求理想；实践植根于现实，二者的结合是古代"治天下"的追求。在古人心目中，"治天下"也有两层含义：一是指"天下大治"的政治理想；二是实现这一理想治理。虽然古代的理想与现实之间存在着一定的差距和偏差，但它的理想水平仍然具有鲜明的理性色彩。《尚书》所谓"德惟善政，政在养民"的政治理想，体现了先贤追求的理性精神。它的特点是阐释"天道"的自然原因，演绎"人性"的社会原因，延伸到"历史评价"的历史原因，延伸到"器物与艺术"所包含的技术原因，综合到"一切妙法"的文化原因。总之，"道"是上述所有理性的最高抽象，也是传统文化的价值。保持"道"的精神一致是中国传统文化的基本特征。

三、天人合一——中国传统文化的二元结构

"道之显着谓之文"，中国传统文化围绕着"道"而层层展开。道向上升华成"天道"，向下演进成"人道"，向上的道和向下的道交相运作，构成传统文化中特有的二元结构，影响人们生活中的方方面面。程颐曰："道未始有天人之别，但在天则为天道，在地则为地道，在人则为人道。"[1]从"道"作为宇宙万物之源这一点而言，它首先体现为"天道"。《荀子·天论》曰："天有常道，人有常数。"庄子曾论及"道兼于天""通于天者，道也"；管子"天之道虚其无形"；董仲舒"道之大原出于天"，等等。"天道"的本义实际上是从神的神化演变而来的，"天"在古代文字中是一个生动的人形，阐明其本意是人化的神，是一个具备人类个性、思想、情感、喜好的创造者和主人，所以古人有"自然万物""神主宰万物"的概念。

四、道洽政治——中国传统文化的逻辑推进

思想理论层面的"圣贤之学"在国家治理方面的具体体现就是制度层面的"先王之制"，两者有着密切的联系。"先王之制"主要是指古代王朝制定的各项礼仪礼规和礼制。孔子说："为政先礼，礼其政之本与？"[2]如果从狭义的层面来理解，礼制又可分为礼、乐、刑、政四方面。

如果把先贤学说、君王制度和人伦原则集中在社会理性中，浓缩为中华民族的文化理性，那么"智慧之镜、治国之镜"的历史反思精神就会积累到中华民族的传统思想中，并延伸到历史理性中。夏商朝代的灭亡使周人深刻意识到"皇天无亲，惟德是辅；民心无常，惟惠之怀"[3]，认为夏桀、商纣因个人的残暴与天道背道而驰，才使得夏商草草结束其朝代，"不慎厥德乃早坠厥命"，因而一再提醒统治者要"监于有夏""监于有

---

① 程颢，程颐. 二程集·伊川先生语八上［M］. 北京：中华书局，1981：282.
② 杨天宇撰. 礼记译注·哀公问［M］. 上海：上海古籍出版社，2004：657.
③ 黄怀信注. 尚书·蔡仲之命［M］. 济南：齐鲁书社，2009：267.

殷"①，更重要的是，他们还把这种"史监"直接归结为"民监"，声称"人无于水监，当以民监"②。正是在这种历史精神的鞭策下，文王"徽柔懿恭，怀保小民"③，作《易》以寄其"忧患"意识；《尚书·蔡仲之命》中反复强调："慎厥初，惟厥终，终以不困；不惟厥终，终以困穷"④。周公反复告诫要"克勤无怠，以垂宪乃后""制治于未乱，保邦于未危"⑤。

《史记·太史公自序》曾精辟地指出："《易大传》：'天下一致而百虑，同归而殊途。'夫阴阳、儒、墨、名、法、道德，此务为治者也，直所从言之异路，有省不省耳。"⑥虽然阴阳、儒、墨、明、法的思想各不相同，但它们都是为了实现"天下一家"，即世界的和平。即使在今天，如果我们把"大道"理解为一个抽象、客观、理性的中华民族精神符号，理解为一个追求崇高理想的目标，它也是一份非常珍贵的传统文化资源！

第三节 中国传统文化的传播价值

中国传统文化的发展累积了中华民族最宝贵的精神财富，凝聚了自强不息的奋斗精神。中国传统文化是中华民族最宝贵的精神支柱之一，具有重要的传播价值。

一、有助于全面提高中华民族的凝聚力与向心力

中国传统文化在社会意识中占据重要地位。维护民族利益是中国传统文化最高文明的体现，也是中华民族发展最大的动力。针对时代发展的特色，必须弘扬时代精神，全面提升民族自信心，激发人们的爱国情怀，如

---

① 黄怀信注. 尚书·召诰［M］. 济南：齐鲁书社，2009：234.
② 黄怀信注. 尚书·酒诰［M］. 济南：齐鲁书社，2009：224.
③ 黄怀信注. 尚书·无逸［M］. 济南：齐鲁书社，2009：253.
④ 黄怀信注. 尚书·蔡仲之命［M］. 济南：齐鲁书社，2009：268.
⑤ 黄怀信注. 尚书·蔡仲之命［M］. 济南：齐鲁书社，2009：267.
⑥ 二十四史全译·史记·太史公自序［M］. 上海：世纪出版集团，2004：1551.

此有助于增强民族的凝聚力与向心力，推动中华民族发展。

可以说，有文化底蕴的民族，其文化会更繁盛地发展。富有文化底蕴的民族文化，才会被世界认可。中国传统文化历经五千年历史沉淀，既包含文化精髓，也包括民风民俗。

文化的发展与历史的发展是不一样的，传统文化的发展融入了民族文化理念。中国的儒家思想、陶瓷、百家论道及茶艺等都被各国学者不断地研究与探讨。在中国传统文化的发展过程中，受到不断变化的政治局势的影响，我国传统文化一度面临着发展缓慢的状况。只有全面提高民族凝聚力，才可以推动传统文化的整体发展。

二、有助于社会主义文明的建设

弘扬中国传统文化，不但体现在治国的理念上，而且体现在我国改革开放以来一系列发展政策的制定上。

结合时代发展的背景，构建和谐社会必须赋予中国传统文化更深刻的内涵。其中，所谓的社会主义和谐社会包括人与自然、人与人，以及人与社会的和谐，这也是建设和谐社会过程中的重要表现。弘扬中国传统文化是社会主义精神文明建设的重要内容。弘扬传统文化精髓，有助于指导人生，促使人们找到属于自己的人生价值。

在时代的发展中，也正是因为中国传统文化中"和文化"理念的存在，才会促使更多人看到中国为倡导世界和平所付出的努力。在时代的发展中，和谐发展是全世界人民共同的愿望。而在接下来的发展中，只有大力弘扬"和文化"，才可以推动社会健康有序地发展，进而对构建社会主义和谐社会起到重要的助推作用。

三、有助于社会主义经济建设

中国传统文化坚持"天人合一"的哲学思想价值体系。在时代发展中，中国传统文化与市场经济并驾齐驱，促使市场经济更加完善。在我国市场经济建设的发展中，传统文化与市场经济紧密结合在一起，坚持运用上层建筑与经济基础的规律，不但可以实现传统文化的拓展创新，而且可以推广传统文化中的精髓，推动社会主义市场经济健康有序地运行。

市场经济成为一种信誉经济而存在，必须在合理、公正、平等的基础上进行。传统文化中的"勤、仁、廉、义、礼、智、信、俭、勇、恭"等，是建设社会主义文化过程中的重要思想理念，可以推动市场经济健康稳定地发展，并占据重要地位。弘扬中国传统文化，有利于推动社会主义市场经济发展。社会主义市场经济不但是单纯的市场经济体系，而且是社会主义文化氛围影响下的市场经济。

中国传统文化以自身的思想精华和深邃的文化内涵，成为建设市场经济与发展文化的基础。因而，正确地指引人们的思想理念，使他们认识、理解传统文化，对于当代人们的思想及价值理念的正确形成都会产生积极作用。随着市场经济的发展，行业之间的竞争不断增加，注重人才的培养及企业生产力的提高，可以促使行业与企业中人际关系的和谐发展，进而使社会主义市场经济达到理想的目标。

四、有利于彰显文化自信

加强中国传统文化的国际交流，将使世界各国了解和接受中国传统文化，展示中国传统文化的自信，体现中国的智慧、宽容和魅力。

（一）中国传统文化是中国方案的深厚基石

中国古老的传统文化与"四个自信"密切相关，这为中国计划的提出、制订和实施提供了理论依据。

任何脱离客观历史的存在和精神符号，都不能反映中国传统文化的精神内涵和时代符号。它与我们生活的时代密切相关。它相互融合，真正融入持续发展实践的载体。它充分挖掘了中国传统文化的优秀成分，在国际交流和全球化的进程中转变为中国的文化自信。

（二）中国传统文化是中国特色社会主义植根的文化沃土

中国传统文化具有很深的民族认同基础，因而具有很强的凝聚力。其中的优秀元素都是文化自信的重要组成部分，文化自信的构建与中国传统文化密切相关。国家层面：繁荣、民主、文明与和谐；社会层面：自由、平等、正义和法治；个人层面：爱国、敬业、诚实、友好。它继承和升华了中国传统文化，丰富和发展了传统文化中"爱国主义""仁政""道德""法治"和"诚信"等内容。

五、有利于提升中国国际影响力

在全球化时代，多元文化融合和学习已成为各国开展国际合作和人文外交的主要方式。只有不断继承和创新，才能提高中国传统文化的知名度和国际影响力。

（一）文化交流推动国家外交关系的发展

中国传统文化是中华民族的精神象征，是推动中华文明不断发展进步的内在动力。随着中国综合国力的增强，中国对世界的贡献越来越大，中国与世界各国关系的发展越来越密切，中华文明逐渐取得世界各国的认可，观众范围进一步扩大。

（二）文化产业国际化增强我国经济实力

文化包括物质文化和精神文化，二者都是现代社会生活的重要组成部分，各有侧重，相辅相成。随着经济水平的提高，人们对文化和时尚品位的实际需求提出了越来越高的要求。传统的文化产业模式已然不能满足人们对文化的需求，这也为文化产业化的发展提供了广阔的国内外市场。

面对参与世界经济发展的新机遇，中国传统文化开拓海外文化市场，建设中国传统文化中心，强化中国传统文化，增强中国传统文化的经济实力。

（三）文化全球化提升国际话语权

弘扬国际声音，拓宽影视文化、学习交流、人文交流，以及其他培育和传播方式，大力弘扬中国传统文化，让中国传统文化传播到世界各地，让世界各国都能学习和了解中国传统文化、政治制度，增强中国传统文化的影响力。

六、有利于推动世界共同发展

和谐文化、和谐与和平、诚信与诚信、天人合一是中国传统文化的突出特征。它不但能够增强中国传统文化的文化信心，而且对中国发展与世界各国的友好国际关系，推动世界共同发展具有深远的意义。

（一）"和"文化，推动世界和平发展

"和"字早在甲骨文和金文之中就已经出现，常用在音律和农业生产中，"和而共声""和而同长"，形成了"和"最初的文化基础和观念。《中庸》中有一个经典的描述："万物并育而不相害，道并行而不相悖。"《周礼》上说："以和邦国，以统百官，以谐万民。"也就是说，在中国古代，很早就有了"和"的文化观念，坚持"天下太平""国与国和谐""天下太平"和"四通八达"的和谐关系。因而，中国传统文化认为，世界上不同种类的生命之间存在着一种相互融合、相互维系的关系。

中国古代提倡"和"的文化，不但在内部寻求和谐，而且在外部寻求和谐。汉唐时期，经过"和"增强了与邻国的友好关系。明代郑和下西洋时，与沿途各国进行了友好交流。

当今世界是一个相互关联的世界。只有和平共处、相互合作、开放包容、取长补短，才能为世界和平与发展做出贡献。

（二）修齐治平，提升个体道德修养

中国传统文化提倡"仁为民""爱物""正直"和"修身"。无论是"民主"还是"仁为民"，"爱物"还是"慈善"，在人类发展史上，这是社会文明的进步，是善治和国家善治的表现。

儒家崇尚个人善心是儒家"仁政""物之爱""德"与"修养"的基础，在其经典著作《大学》中，阐述了"古之欲明明德于天下者，先治其国；欲治其国者，先齐其家；欲齐其家者，先修其身；身修而后家齐，家齐而后国治，国治而后天下平"的修身治国思想，古人也因而将"修身""正己"与治国理政紧密联系起来，治国平天下必修身，修身则利于治国平天下。

（三）天人合一，改善自然生态环境

儒家文化倡导的"爱护一切人与动物"的"相干"、自然与人"天地之美"的生态思想。道教文化崇尚自然生态哲学，认为"自然"是原始状态，是人类生存的基础，从自然出发，最终也要回归自然。东汉继承和发展了儒、道、法文化思想，认为"天人之际，合而为一"，贯通天与人，将天人合为一。

古代中国人较早地提出人与自然和谐相处的理念。老子说"天道无亲，常与善人"，也就是说，天地的运动是一个自然的过程。

第二章　中国传统文化传播的新媒体语境

文化是一个国家和民族的标签，其传播和发展离不开媒体。进入21世纪，随着新媒体的出现，文化的传播展现出新的特点。

第一节　新媒体的概念与特点

一、新媒体的概念

在文化艺术界及传媒领域中，诸多专家对新媒体定义不一，如国外有关学者对新媒体的定义是所有人对所有人的传播；也有学者认为，相对于旧媒体，新媒体的第一个特点是它的消解力量——消解传统媒体（电视、广播、报纸、通信）之间的边界，消解国家与国家之间、社群之间、产业之间的边界，消解信息发送者与接收者之间的边界。

二、新媒体概念的相对性

人类的每一次技术进步都使艺术面临巨大的变化。比如，透视和几何的发展影响了文艺复兴时期的绘画；矿物和炼油技术的发展影响了北欧油画清晰、层次分明的风格；机器生产的颜料和光学研究的结果引起了外部光绘画和印象派的发展；20世纪，艺术相关科学技术的最大发展是图像技术对艺术语言的特殊影响。

艺术不但要为社会创造文化财富，而且要以视觉的方式思考社会文化。只有如此，艺术才能真正发挥其功能。20世纪以来，随着流行文化的发展和商业电视节目的普及，艺术家们开始思考画报的视觉接受和生活方式。包括摄影、电影和电视在内的各种图像技术也广泛应用于这种思维和创作中。自未来主义创建以来，摄影和现成图像的拼贴一直是艺术创作的重要方式；从白南俊开始，电视成为一种新的视觉技术被广泛应用于个性化视觉的创作中。

在视频艺术中，艺术家们结合电视成为电子媒介的特点，创作出差异于大众电视节目的艺术电视节目。

数字处理是图形的拼盘，在技术上比手工时代的暗室操作更加复杂和完美。客观形象的不稳定感在真与假之间面临强烈的张力，数字成像是对拍摄后的照片进行处理，软件的使用使照片的体积变得无限大，因而它比传统的摄影更进一步，于是出现了照片安装。

在视频艺术中，数字技术使视频片段很容易分享许多电影美学的成果——各种经典的电影时间处理方法都适用于视频。比如，"闪回"用于反转时间和激活库存。慢镜延迟时间，突出微妙细节的戏剧性；切换中的时间拼接改变了叙事过程，取消了因果关系，甚至暗示了同时性。迅速镜像可以大幅压缩时间，缩短事件进程，增强其象征意义，同样适用于视频。但时间视频处理在数字模式下有着更大的灵活性：画中画、绘画等各种数字效果由多个重叠的时间—维度交叉—并行关系级联而成，极大地丰富了传统的电影语言，三维动画建模的介入使各种想法都有可能成为视觉现实。

随着视频和视频装置的出现，互动性已然成为视频艺术相对于其他传统艺术媒体的优势。虽然数字技术创建了CD-ROM和互联网，但是它也使人们更容易创建以前需要几个电视屏幕或昂贵投影仪的那种交互。

如今人们谈论的新媒体艺术比电影叙事更先进的是线性进化，结合视频、声音、文本的超级文本不但可以链接到无穷无尽的其他文本，而且可以通过各种途径获取更多，它使文本变成了一个迷宫，它提供的互动性几乎是无穷无尽的。从目前人们所设想的数字多媒体概念来看，今天的多媒体艺术仍然是一个粗略的胚胎，我们可以更多地挖掘它的潜力。

今天的"新媒体"有一个基本特征，就是数字化。各类传统媒体的数字化步伐加快。尽管报纸和书籍等印刷媒体最终以纸质媒体的方式展现给观众，但整个生产过程已经数字化。当然，对于全球信息传播的作用和影响力首屈一指的互联网，也可视为"新媒体"，即今天常说的"第四媒体""网络媒体"。

三、新媒体的特点

（一）交互性

新媒体传播最显著的特征是交互性，它改变了传统媒体的线性传播方式，通过界面实现"人机—人"的互动与交流。在信息传递过程中，受众处于主动选择而非被动接受之中，不同的信息选择受众会取得不同的反馈，交互设计的目的是关注人们在视觉认知中的主动性和互动性，实现真正的人性化沟通。网页设计、游戏交互角色设计、数字界面设计、展示设计、多媒体广告设计等都是新媒体交互载体的体现。

（二）价值性

新媒体是一个有价值的信息载体。运营商有一定的听众，信息传递的时间、信息配送的条件、对观众心理的预期反应等，共同构成了新媒体的基本价值。经营者本身具有价值，加上信息的内在价值，共同构成了媒介的存在价值。不过，有些反映科技进步的新媒体方式尽管拥有一定数量的受众，但是不能形成媒体的有效价值。比如近年来基于媒体行业的发展，各种媒体企业在市场中如雨后春笋般涌现，媒体产品更是不计其数，但是，经过市场考验后能够继续存在的却很少。究其原因，可能是它没有深入研究媒体的核心价值，盲目在其他方面投入人力、物力而引起的失败；也可能是这个概念太先进了，不能被市场认可，没有针对受众进行深入而条理的分析，难以反映媒体的基本价值，或者使媒体的基本价值与市场的普遍价值形成表面上的分歧，最终导致失败。

（三）原创性

新媒体的新就在于其原创性。这里的原创性与个人或群体的原创性不同，只要是在特定时间段内给予的新内容，或者与前一时代内容不同的新内容，都可以视为新媒体的"创新"。

（四）效应性

效应是在一定的环境中由因素和结果形成的因果现象。新媒体必须具备形成特定效果的特征。网络在20世纪90年代中期进入中国，成为一种新型的信息载体，在特定时期产生了巨大的影响，在一段时期内几乎改变了人们的生活方式。随着时代的进步，这种影响也发生了巨大变化，而新媒体也越来越展现出发展成为主流媒体的可能性，形成特定的效应。比如手机屏幕的广告，随着时代的发展和数字技术的进步，它已经形成了一定的效果和规模，在人们的生活中扮演着重要角色，未来的市场空间是无限的，它不但不会消失，而且会有进一步的发展，逐步向主流媒体靠拢，这便是新媒体的效应性。

（五）个性化

在报纸、电视等传统媒体时代，传播者占据主导地位，决定着传播的内容和方式。在新媒体的数字时代，用户体验越来越受到重视。新媒体可以根据个人兴趣和需求提供个性化服务，满足受众需求。人们有选择信息的权利，可以改变信息传播的方式和内容。个性化沟通允许每个人发布信息并影响他人。

（六）即时性

随着科学技术的发展，信息可以立即被广泛传播。观众可以随时随地在互联网或其他载体上发布他们的所见所闻，受众也可以通过各种终端即时收到新闻事件的现场直播、突发事件的追踪报道，可以在最短的时间内进行反馈、讨论和沟通，以制订最佳的响应措施，这大大缩短了反应时间，克服了传统媒体反应时间慢、响应周期长的缺点。新媒体取代了点对点和面对面的多种通信方式，使信息传播速度更快，不再受时间限制。

（七）共享性

在过去，传统媒体主要依靠地面传播系统进行信息传播。然而，新媒体打破了地理区域的限制，使得各种信息可以在该地区被全球覆盖，实现了信息的海量存储。超链接技术的利用将整合互联网上的信息，全世界将形成一个巨大的数据资源库，任何人都可以在任何地方共享信息。世界上任何时间、任何地点发生的任何一件事都有可能成为网络信息被广泛传播，人们可以无拘无束地获取信息、制造信息和传播信息，打破了传统媒体的障碍，网络新媒体已成为人们获取信息最频繁和最有效的途径。

第二节　我国新媒体的发展概况

1994年4月20日，中国互联网的TCP/IP全功能链接成为互联网大家庭中的一员。

一、互联网用户增加，产值飙升，新媒体逐渐成为"宝地"

近年来，中国互联网行业向规范化、价值化发展，同时，移动互联网推动消费模式共享化、设备智能化和场景多元化。

党和国家为新媒体产业的迅速发展提供了政策支持。有关文件指出，在全球新一轮技术革命和产业革命中，互联网与各个领域的融合具有广阔的发展前景和无限的潜力，已成为时代的必然趋势，是对国民经济和社会发展的战略性和全局性影响。积极发挥互联网在我国已然形成的比较优势，抓住机遇，坚定信心，加快"互联网+"的发展，有利于重塑创新体系，激发创造力，培育新型创新公共服务模式，建设公共创业，创新增加公共产品和公共服务的"双引擎"，主动适应和引领经济的发展新常态，对于培育经济的发展新动力，提高中国经济的质量、效益和升级具有重要意义。也有文件提出，坚持以人民为中心的发展思想，坚持鼓励支持和规范发展并行、政策指引和依法管理并举、经济效益和社会效益并重，凝聚共识、防范风险、争取人心、保障安全、推动发展，鼓励和支持技术创新，激发和保护企业活力，不断增强发展内生动力，全方位推进移动互联网健康有序地发展，更好地服务党和国家事业发展大局，让移动互联网发展成果更好地造福人民。还有文件指出，要从体制机制、政策措施、流程管理等方面推进传统媒体与新媒体的融合，加快人才技术整合步伐，尽快打造一批具有强大影响力和竞争力的新主流媒体；大力培养全媒体人才，实施更加积极、开放、有效的人才引进政策，增强主流媒体人才的吸引力和竞争力；优化人才队伍结构，让更多熟悉新媒体的中青年人才进入关键岗位，充分释放人才活力。

在一系列政策和规划的指导和支持下，我国新媒体产业持续健康发展，社会信息化进程不断推进。

二、新技术、新设备频出，移动设备展现新活力

从全球范围看，移动通信设备属于朝阳产业，市场容量巨大。中国移动设备的迅速发展，使得越来越多的发展中国家需要中国企业的技术支持和建设。

三、应用程序日益丰富，社会化媒体"大显身手"

随着新媒体的发展，越来越多的人在生活中留下了新媒体的印记，如电子邮件、论坛、门户网站、社区、在线视频、在线阅读、社交网站等。在信息网络技术发展的同时，各种应用程序被开发出来，社会化媒体在人类生活中起着越来越大的作用。

四、技术日趋成熟

科技的发展是科技进步的前提。数字技术是新媒体的核心技术，有些人甚至称之为数字媒体。数字技术实际上是一个将信息数字化的过程，包括两个方面：对发送的信息进行编码和对接收的信息进行解码。其中，互联网技术与数字技术的结合实现了网络中计算机之间的信息交互。移动通信技术使人们在无线网络条件下随时随地传输信息成为可能，不再受电线、光缆等物理网络的限制。

五、传播的内容和方式的改变

新媒体展现出自身独特的优势：超媒体、交互性、超时空、个性化信息服务和虚拟信息传播。与传统媒体相比，新媒体在传播方式和内容上都发生了巨大的变化。

（一）传播方式的改变

从单向传播到互动传播，打破了传统媒体单向、不可逆转的传播方式。交流的方式也更加个性化。网络文学、网络视频和其他媒体让每个人都成为信息发布者。传统媒体的传播方式是"主导受众"，而新媒体则将传播方式转变为"受众导向"。受众可以自由选择和传播信息，即充分发挥和尊重受众的选择。信息的接收和发送方式可以是固定的，也可以是移动的。正是基于无线网络的发展，信息的传播不再局限于一个固定的地点，而是受众可以随时随地接收和发送信息。人们可以上网、看电视、发信息、发图片、视频聊天，等等。随着数字技术和移动通信技术的发展，移动将成为新媒体最重要的特征之一。就传播速度而言，新媒体比传统媒体更及时。新媒体使信息的传播不再需要专业的团队、固定的网站和烦琐的后期制作与排版，这远远超出了旧媒体的能力范围。因而，信息比以往任何时候都更加准确和及时。此外，在传播方式上，新媒体也具有互动性。新媒体最具代表性的特点是受众可以自由选择他们发送和接收的信息。

（二）传播内容的改变

信息是实现转变的物质载体。物质载体之间的信息流动是具象的，信息的具象转换是经过存储、处理和传输的过程来实现的。从这个角度来看，新媒体传播内容的变化主要包括两个方面：一是从信息来源的角度来看，在新媒体技术条件下，信息收集不但包括传统媒体的摄像机、编辑和录像带，而且包括网络、手机等；视频信息的处理不但包括图像，而且包括数据；传播方式由单向传播转变为互动传播。上述传播过程中信息收集、处理和传播方式的变化将直接引起新媒体在传播内容上的扩张，增加其内涵，扩大其外延。二是从信息载体的角度来看，无论新媒体的表现方式如何变化，新媒体内容的载体都是不变的，都是"比特语言"。传统媒体以声音、文本、图像为载体，载体只能经过特定的系统直观地展现给受众，无法实现各种系统之间的转换，而基于技术的限制，声音、文本、图像在传播过程中会发生变化，如在转换过程中形成噪声，在传递信息的过程中会出现失真、保存过程中声音会恶化等现象，使得信息的真实性大大受损。因而，无论是从信息来源还是信息载体来看，新媒体传播内容的变化都是显而易见的。可以说，新媒体的传播内容不但包括电视媒体、平面媒体，而且包括即时取得新媒体支持的网络媒体和移动媒体。

六、新媒体对社会结构的影响和发展趋势

（一）空间极度压缩，互动越来越快

新媒体打破了原有的时间和地域限制，极度压缩的空间让每个人的真实位置变得无关紧要。与此同时，新媒体对传播时效性的不断追求，也使人们的互动转向了即时性和线性，最大限度地整合人们的业余时间。在以新媒体为主导的时代，人们总是有上网的紧迫感。

（二）人们的真实社会角色和身份被剥离，可以有不同的网络身份和角色

在新媒体空间中，参与者不依赖于社会现实的存在，而是扮演自己想要扮演的角色，这与现实生活中的角色完全不同。新媒体面临的新的社会联系和动员能力也将使不同阶层之间的差异更加显著，社会利益集团的界限逐步明确并巩固。

（三）人们正在进入信息推荐时代

新的信息中介改变了信息传播的模式，延伸了信息传播的链条，关键在于个性化信息的积累和传播。原有的线性、交互、循环等传输模式受到挑战，在发射机和接收机之间增加了随时变化的智能信息过滤系统。

（四）话语权力分散，用户自主地位增强

阐明渠道的扩展引起了语言的分散和碎片化。点对点技术通过点对点通信将参与者的计算能力和带宽结合起来，使用户的计算机成为同步上传的重要载体。维基技术让用户可以一起创建。经过协同创作，可以相互补充、相

互修正，在一定程度上实现网络的自我净化功能。

（五）人们的记忆方式和内容偏向发生了变化

传统的构词方法被解构，新媒体解构的语言构成和传播模式展现出反规范、碎片化和分散化的特点。质疑权威已然成为新媒体内容的一种常见方式。大量的短片段信息从不同角度挑战着传统的话语权威。因而，新媒体经过不同语言片段的不规则拼接，形成新的三维画面，构建新的话语体系。许多网络词汇已逐步成为口语。无论人们是认可他们的幽默还是批评他们的粗俗，它们都已然成为一种社会现象，渗透到互联网世界乃至现实生活的每个角落。

第三节　新媒体多元化特质的传播机遇

新媒体多元化特征的传播机会主要体现在三个方面：传播符号的多元化运用、传播方式的双向交互性、信息生产与接收行为的个性化。

一、传播符号的多元化运用

与传统媒体的单音节传播符号相比，新媒体的信息传播符号展现出多样化的特点。广播媒体只能通过声音传输信息，而电视媒体的信息传输符号相对较多，但后者受广播时间的限制，电视媒体的传输更为线性，展现出存储能力差的特点。基于互联网发展的新媒体极大地弥补了传统媒体的传播缺陷。在新媒体传播平台上，传播主体可以同时使用各种传播符号来传递信息。

二、传播方式的双向交互性

传播者通过收集信息和生产，借助报纸、杂志、广播电视等传统媒体在固定时间内向受众提供信息，受众在信息流的末端被动地接受信息。在传统意义上，受众不但可以借助新媒体对新闻和信息进行评论和回复，而且可以通过转发和共享成为信息的传播者，掌握信息传播的主动权。

三、信息生产与接受行为的个性化

在传统媒体的信息传播中，受众对信息的选择非常少。尤其是对于大众来说，电视几乎是唯一可用的媒体。媒体的限制在一定程度上影响了传播的主动性和主动性。在新媒体时代，人们跳出纸质媒体、广播电视接收信息的惯性框架，可以通过个人电脑、手机等新媒体设备，以及论坛、微博、新闻客户端等其他接收终端，随时随地接收、选择和转发自己喜爱的信息文本。以传统文化为例，传播主体巧妙地运用新媒体符号的多样化、传播方式的多样化和传播的实时性、便捷性等特点，传播范围越广，影响力越大。

第三章　新媒体时代中国传统文化传播的理论阐释

第一节　新媒体时代文化传播的基本概念与特点

一、新媒体时代文化传播的概念

新媒体时代的文化传播是一种文化互动，是指利用新媒体技术，将人类文化从一个文化源向外辐射传播或由一个社会群体传播到另一个群体的过程，它形成于人们日常生活与传播之间，存在于社区、群体和一系列人类社区中。同时，新媒体时代的文化传播是人类传播各种文化元素特有的扩散和迁移现象，是各种文化资源和文化信息在时间和空间上的演化、共享、互动和重构，符号化是传播者对读者进行编码和解码的互动解读过程，是主体间文化交流的创造性活动。

新媒体时代的文化传播改变了传统的文化传播方式。第一，新媒体优化整合传统文化传播体系。从人类文化的发展和文明史可以看出，在文化交流的过程中，是人与人之间的直接口头交流。新媒体创建了不同于以往的文化传播方式，加快文化传播的优化进程；第二，新媒体有效地刺激了多元文化传播方式的出现。新媒体文化传播力的影响体现在它能有效地激发文化的多样性。一种新的文化媒体，不但是社会中的一种文化存在，而且是一种文化系统的元素。新媒体文化的传播，会形成一种新的文化秩序规则。

二、新媒体时代文化传播的特点

（一）传播者的多元化与自主性

在新媒体环境下，文化传播方式多样，网络传播渠道众多，传播者也展现出多元化的趋势。

在传统媒体环境下，文化传播者主要指一些权威机构、学者和教师，以及以营利为导向的艺术投资者。这些传播者控制着主流大众媒体，占据了博物馆和展览中心等必要的展览场地，并获得了一定的资金支持。普通人如果想要参与这种文化交流，只能以受众的方式出现。对传播者传播文化的要求和门槛有一定的要求和限制。

在以互联网为基础的新媒体时代，这种模式似乎正在分崩离析。在新媒体环境下，文化传播的传播者可以大到权威机构、组织、互联网精英和学术领袖，小到独立的艺术评论家、普通教师或学生。这种现象和模式概括为传播者的多元化。

在新媒体环境中，每个人不但可以接收大量信息，而且可以充当信息的发布者。传统媒体时代的传播主要由媒体主导，被称为"主导受众类型"。

（二）内容的多样化

在传统媒体时代，文化传播的内容主要包括以下几个方面：一是与之相关的原始出版物和印刷出版物，以展示和出版物传播的方式进行；二是以文学和理论书籍的方式展现，这些书籍通常由传统出版社出版。

进入新媒体时代，一些新的技术手段和设备逐渐为原来的观众所拥有，如电子扫描仪、能够进行复杂计算和程序组装的计算机，以及一些原本只能在电视台使用的数字图像采集设备。所有这些都使得创建和生成新的相关信息变得比以往任何时候都更容易，即以新方式传播内容。

一些出版物可以经过数字扫描仪进行扫描，其数字图像可供公众使用。熟练的计算机程序开发人员可以将这些图像文件以APP（应用程序）的方式制作成应用程序，方便观众在移动设备上浏览。此外，程序开发人员还可以将一些参考书，如字典制作成应用程序，不但节省了字典检索的时间，而且可以将这些原本占用大量空间的参考书虚拟化、小型化，进而在更大程度上方便读者。

此外，网络平台也为普通人提供了发表作品的空间和舞台。本来，一些普通人基于与出版社和主流大众媒体之间的距离，他们作品要发表真的很难。现在，在网络平台的支持下，公众不但可以成为信息的传递者，而且可以成为信息的来源。人们可以在互联网上发表带有自己观点的帖子，他们的作品可以在社交网站上以图片的方式发布，他们也可以成为摄影师或博客，在社交网站上发布一些相关的视频资料。

人们普遍认为，新的传播媒体将改变传播渠道。事实上，新的通信技术也会推动新的传播内容。

（三）受众的普遍化

当涉及观众的普遍性时，人们忍不住要质疑它。以书法为例，它给我们的印象是，如今学书法的人似乎越来越少。那么，我们应该如何理解所谓的受众泛化呢？

一是如果书法仅仅是一种书写艺术技巧，那么它的受欢迎程度似乎不像以前那么高了。如果我们把观众分成几个不同的类别，这可能是有道理的。

在新媒体时代，随着传播方式的变化，原本的书法艺术已然转变为视频或电子文档的方式，并迅速普及。人们不再需要特意安排时间听讲座，也不再需要参加一些培训机构来观看教学演示。这便是为什么在新媒体时代，书法艺术的受众开始变得普遍化。归根结底，新媒体降低了观众接触艺术的门槛，不但为人们提供了方便，而且降低了成本。

二是传播在不同地区的普及所形成的受众泛化趋势。我国幅员辽阔，地形复杂，这种情况引起的经济发展不平衡是不可避免的。中西部地区等欠发达地区无论是在教学设备上还是在师资上都存在着各种各样的不足。相信在不久的将来，具有相关专业背景的高校也将开设自己的课程，以进一步推动一些欠发达地区的人们学习和交流。

（四）渠道的灵活化

在传统媒体时代，文化传播有其自身的局限性，其中相对单一的传播渠道更为明显。这种单一渠道主要体现在其对大众传播、人际传播和组织传播的相对依赖性上。这种相对单一和僵化的通信渠道实际上增加了通信成本和通信门槛。

在新媒体时代，传播的方式和渠道越来越多样化。人们可以通过微信推送或订阅相关邮件被动获取展会信息，也可以通过互联网搜索关键词，主动获取相关信息。如果人们想浏览一本学术书籍或欣赏过去的伟大作品，可以在互联网上搜索内容的数字版本。如果人们想让教师审阅自己的作品，只需要用手机拍张照片，然后通过不同的软件互相发送。另一个人不但可以通过文本做出回应，而且可以通过音频或视频同步创建身临其境的感觉。

当然，这种新媒体环境下传播渠道的灵活性也有其自身的特点，即传播渠道依赖互联网。新媒体环境下的信息传播通常离不开互联网。网络是这些通信信道的基础和平台，对于任何从平台上改变和导出的通信方式和信道来说都是必不可少的。

（五）传播方式的交互性

新媒体整合了文本、音频和图片，实现了及时的互动、更丰富的阐明方式和更生动的内容。与传统报纸、广播电视媒体相比，新媒体真正突破了时间和空间的限制，可以随时随地处理和发布信息。信息传输方式越来越扁平，大大减少了沟通者和接受者之间的距离感，实现远程实时交互，进而增强了沟通内容的亲和力。

（六）效果的不确定化

传播者、内容、受众或渠道的变化将影响最终的传播效果。通过正反两方面的比较，既要肯定多媒体传播面临的优势，又要避免其对传播效果的不利影响。

第一，信息复制和转发速度很快，具有裂纹传播效应。在新媒体传播的背景下，观众可以下载电子文档、图片文档。此外，当观众的身份转变为传播者时，原始信息的来源也会增加。这种变革性的传播效果是以往传播环境无法比拟的。

第二，低成本的沟通减少了观众的支出。在新媒体环境中，文化传播的成本降低了，因为它消除了信息传播中许多以前必不可少的成本。最初购买的书籍被电子文档取代，最初的师生讲座被在线教学视频取代。教育基础设施薄弱的地区可以通过在线教学资源在一定程度上弥补设施的不足。

第二节　新媒体时代中国传统文化传播的基本原理

一、新媒体的互动传播原理

（一）人机学原理

人、机器和环境之间的关系是人类工效学的三大要素。其原则是从功能层面解决新媒体互动传播中的问题。

1. 功能合理性

在新媒体的互动传播中，互动传播的功能合理性是解决新媒体能否有效互动传播的关键。如何在新媒体的互动传播中促进各种功能的最大优化，建立与人的生理和心理和谐的互动交流，成为新媒体互动传播中的一个新的功能课题，也是交互设计者考虑的主要选择。

2. 环境适宜性

在新媒体的交互传播中，有必要考虑交互通信的环境适用性，确保交互通信能够在一个良好有效的周期中继续下去。这也为设计师在设计互动交流时应注意的元素提供了基础。

3. 系统的可操作性

新媒体的互动传播由三个系统组成：受众、新媒体和环境。通过它们之间的信息交互，形成了一个复杂的系统。在对这三个要素进行细致研究的基础上，从整体概念上对系统进行研究，而不是片面关注单个要素，这是新媒体互动传播最显著的特点。在这个系统中，受众、新媒体和环境是相互关联的，它们的交互作用决定了系统交互传播效果的整体表现，即新媒体的交互传播能否有效。人机科学的原理是科学地利用这三个要素之间的关系，寻求新媒体的最佳互动传播。

（二）受众体验性设计原理

受众体验性设计是新媒体互动传播的必然趋势，是为了解决受众与新媒体之间的问题而进行的实践活动。因而，新媒体互动传播中的设计是为了满足受众的物质和精神需求。

与传统媒体的传播原则相比，新媒体的互动传播原则具有更独特的视角。创新、创意和新奇总是伴随着它。每一次新媒体的互动传播都能给人们新鲜感。最重要的特点是基于受众的体验设计原则，通过创建受众体验设计模型，增加受众的体验感受，分析不同受众的心理和行为特征，实现对新媒体互动传播对象的受众研究。

在新媒体的互动传播中，受众体验设计的原则是以受众为主体的主观行为。它是互动传播的模式和技术创新，也是受众体验的创新。在新媒体的互动传播中，受众体验性设计强调整体概念，即受众与新媒体之间的互动关系，在互动传播中形成一个有机整体。

（三）交互性体验原理

纵观国内外新媒体的互动传播模式，受众与新媒体之间的互动交流更倾向于行为互动体验，这不但是新媒体对受众的外观和感受，而且影响着受众的行为需求和习惯。

1. 感官互动体验

感官互动体验是以视觉、听觉、触觉和味觉为目标的互动体验过程。在感官互动体验方面，设计师主要注重外部文本方式的互动传播，通过新媒体传达信息。因而，增强受众感官互动体验的效果氛围，给人们感官互动体验，是新媒体互动传播中的文本类型。新媒体互动传播的方式是设计师在了解受众、使用需求、精神需求、新媒体的审美趋势和新媒体互动传播特点的前提下，运用造型元素的实际效果，这是新媒体互动传播的内涵。由此可见，完美的感官互动体验是观众最直接的体验，而这种最明显的表现便是感官互动体验的魅力。

2. 情感互动体验

情感互动体验主要指个人对事物的感受和体验。情感包含个人需求和期望。当个人愿望得到满足或得不到满足时，就会形成相应的情绪表现。观众的情绪不但受到视觉、听觉、触觉、嗅觉和味觉系统的感知和刺激的影响，而且受到自身教育背景和经验的限制。

（四）符号学原理

符号是一种理论传播方法，其目的是创建一种相对广泛的具有应用价值的传播模式。它代表着事物的本质和意义、发展变化的规律，以及相互之间的关系。不同的文化或历史时期形成了具有不同含义的不同符号。新媒体的互动传播要想取得突破，就必须重视符号的设计意义。

1. 传播模式

新媒体的互动传播通过视觉符号语言传达信息，与社会和受众进行互动。这种互动所形成的共鸣正是新媒体互动传播的目的。经过交互传递的信息通常由具有特定含义的常规符号组成，在信息的互动交流中有三个基本概念。

第一，在新媒体的互动传播中，视觉符号如何准确、全面地传达信息和概念？在这方面，概念和信息被视为符号，主要是涉及新媒体互动传播语言符号系统的具体风格、特点和选择的技术问题。

第二，新媒体互动传播中的符号如何能很好地阐明语调的意义，有效地发挥信息发布者的作用和目的？符号学中的语义学认为，不同的符号元素经过重构和排列后可以表现出不同的画面效果。在此基础上，新媒体互动传播符号设计成为信息的视觉传达，运用符号语言编码设计、审美设计理念，激发受众自身的体验和体验，进而达到最佳的互动传播效果。

第三，符号成为一种影响因素，可以在一定程度上影响人们的行为。新媒体符号的互动传播可以很好地理解，充分发挥信息传递的作用，体现在图像符号、符号和符号上面的语义的准确和有效的信息，同时，运用象征性的语言设计，充分考虑受众的面向对象特征。可以看出，在新媒体互动传播中，符号是互动信息有效传播的载体，是一种能够充分展现当今时代特征的常规阐明方式。

2. 文化价值

符号在新媒体的互动传播中，具有美学功能，同时，它对满足观众的审美活动起着非常重要的作用。其文化价值主要体现在以下几个方面。

（1）功能性。新媒体的互动传播不但是外部结构的表现，而且是内部结构的表现。基于新媒体的文本方式不同，不同的文本方式既有普遍的功能，也有特殊的功能。

（2）操作性。受众参与新媒体的互动传播，通过其功能展现载体的运作模式，通过互动给受众一个清晰的回应。

（3）心理性。新媒体互动传播所展现的语义要求使受众感受到亲密，进而避免不符合受众认知方式的拒绝心理。

（4）文化性。新媒体的互动传播符号符合社会的基本伦理，使受众感受到现代社会的地域文化和文化趋势。

（五）基于受众的认知心理学原理

在新媒体的互动传播中，认知心理学的原理主要体现在研究受众如何通过新媒体的互动传播获取信息。因而，新媒体的每一次互动传播都是一个认知和心理活动的过程。

在新媒体互动传播中，认知心理学的应用体现在以下几个方面。

1. 以受众为中心，注重目标事物的运动速度

新媒体的互动传播符合人们对外部世界的直觉感知。以手机承载的新媒体互动传播为例。在大多数情况下，移动对象比静止对象更容易检测。因而，在感知方面，移动物体的速度越快，由此产生的互动交流效果也会相应降低。

2. 受众参与互动部分应相对轻松简单

一般来说，人们会在一段时间内关注两件或两件以上的事情。因而，在新媒体互动传播中，符合人们的基本思维过程和行为习惯。

3. 允许受众产生误操作

在大多数情况下，观众可能会遵循正常的准则。然而，有很多可能性可以尝试，并且可能会出现异常情况，也就是发生误操作时，误操作不会损害新媒体的载体，也不会影响新媒体互动传播的效果。对于任何可能造成严重后果的操作，新媒体将在互动交流中向观众提供即时信息。

4. 设计策略

在认知心理学中，当观众想要某个结果，但不能立即找到合适的方法时，他们参与的活动可以被视为解决问题的活动。设计问题是不断变化的。根据新媒体互动传播的不同目标，需要不同的创新和解决方案及相应

的设计策略。

5. 认知心理学与新媒体的互动传播结合

人们对新媒体互动传播的认知实际上是一个信息管理的过程。一般来说，对于新媒体的互动传播，人们对事物的认知需要满足以下条件：第一，人们需要有一定的经验，包括生活、学习和工作；第二，新媒体的互动传播可以提供足够的信息；第三，新媒体互动传播中所反映的认知心理是人们在互动传播中认知获得的信息的最佳表现。

二、文化维模原理

维模对于中国传统文化的发展主要有两个方面的影响。一方面，它对中国传统文化有保护作用。对外来文化的文化要素，它会根据中国传统文化的特性进行把关，以保证中国传统文化的稳定；另一方面，当其作用过分强劲时，会阻碍中国传统文化的传播，使中国传统文化陷于封闭与惰性的状态，妨碍中国传统文化的发展。

三、文化融合原理

当不同的人生活在一起时，通过日常生活中的沟通、商业和婚姻方式，进行着文化的沟通和交流，很可能引起其文化体系中的文化元素或保存在岩石圈中，或被抛弃，或发生变化，进而形成不同于原有文化体系的新的文化体系。沟通不但是文化整合的前提，而且是推动文化整合的重要机制。

总体来说，在文化融合的过程中，先进的、优势的、本土的文化更具优势。比如，古代中国北方的游牧民族进入中原之后，大多融入了中原文化。中原文化也从游牧文化中吸收了很多营养，丰富了自己的文化形态。文化整合的最终结果是形成一种能够包含几种原始文化方式主要特征的文化，这种文化方式使文化的阐明比以前更加多样化。

当然，在实际的历史过程中，不但有不同文化交会、融合的温情自然的历史场景，而且有大量的矛盾、冲突，展现出在冲突中相互融合的矛盾运动过程。在新媒体时代，基于传播媒体的便捷性，中国传统文化与其他多元文化之间的矛盾、冲突与融合更加激烈。

四、文化增值原理

在传播过程中，中国传统文化通过时间的磨砺和空间的循环，逐渐孕育和繁衍出新的价值观和意义。这种新的意义，通过对原有意义的继承和创新，或与新旧原有意义的对立，推动中国传统文化价值的最终升华。

在现代社会，借助于新媒体，中国传统文化可以在短时间内迅速播，甚至跨越国界，传遍全球。传播时间迅速缩短，传播空间大为拓宽，使中国传统文化得以增值。

然而，中国传统文化的传播只为文化的扩散提供了条件和可能性，不一定任何文化传播都会引起文化的扩散。如果一个社会总体氛围比较宽松与开明，则有利于在原文化基础上发掘更多的价值与意义，实现文化增值。

中国传统文化的增值一方面可以使文化取得更为广泛的传播，使文化的价值与意义取得更多的挖掘；另一方面，文化增值会有虚假的现象，或是背离原文化的现象，甚至"闻一增以为十，见百益以为千"。大量的虚假文化的增值对原文化产生破坏作用。因而，如果说它是在原有文化基础上的增值，那便是对原有文化的价值和意义的发展，这对社会是积极的，有利于原有文化的整合和重建。如果是文化母体的扩散，就会加速社会的解体。

五、文化积淀原理

文化形成得越早，传播的时间越长，积累的文化越深。正如国外有关学者所指出的，人类经过经验知识的缓慢积累，从无知走向文明。而在当今社会，先进的现代传播媒介使得文化知识与信息的传播、储存手段与累积方式日新月异，令人瞠目。

一方面，文化的积淀促成了众多文化圈的发展。比如，汤因比在《历史研究》一书中描述的37个文明圈实际上是文化圈；另一方面，随着人类一代又一代地延续，文化积淀越来越深刻，文化圈越来越稳定，文化也容易变得封闭和保守。比如，中国经历了漫长的封建社会，形成了以儒家文化为主体的中国传统文化，更适合封建社会的需要。

六、文化变迁原理

文化不是静态的、不变的。事实上，任何一种文化都处于动态的发展变化之中，都在不同程度上经历着生成、发展、衰落和再生的过程。纵观人类历史，随着人们需求的改变，传统的行为和态度已经被取代或改变。文化本身的运动必然引起文化的不断变化，这是社会发展的内在节奏。

文化变迁是指文化特征和文化因素的逐渐变化，以及文化结构和文化模式的质变。它可能是渐变式地发生，需要很长时间才能做到；也可能耗时较短，发生突变。其中文化传播是文化变迁的重要动力。

中国传统文化变迁的一般过程与规律主要是从量变到质变、从物质层面到精神层面：第一，中国传统文化变迁要求在"量"与"质"上均发生重大变化。文化变迁首先要在"量"上发生变化，有了"量"的积累才可以形成"质"的转变；第二，中国传统文化变迁首先发生在物质文化层面，因为这个层面是变化最快的要素，也最容易为人所接受，其次发生在制度文化层面，最后发生在精神文化层面；第三，中国传统文化变迁要经历一个从自发到自觉的过程。对于新事物，人们首先有一个由陌生到熟悉、由隔阂到认可的过程，其次才进入主动改变的阶段。在以上三个方面，中国传统文化的传播都起着重要作用。

第三节　新媒体时代中国传统文化传播的经典理论

一、"把关人"理论

1947年，美国社会心理学家库尔特·勒温发表了关于如何决定家庭食物购买的《群体生活的渠道》，最早提出了"把关人"概念，此后传播学者怀特在1950年将其引入新闻研究领域。

社会上有很多新闻材料，大众媒体的新闻报道不是也不能被"记录"，而是一个做出选择的过程。在这个过程中，媒体组织形成了一个"通道"，通过这个通道向观众传达的新闻只是众多新闻材料中的一小部分。对新闻素材进行取舍、筛选、过滤，决定报道什么事，采访什么人，传播什么消息，何谓重大新闻，版面和节目如何编排等就是新闻把关。

影响"把关"的因素，从意识形态到政府再到经济团体，然后是传播价值，往后是媒体，最后到媒介从业人员，可以看出，"把关"是一个从宏观层面到微观层面的过程。

在网络新媒体环境下，新媒体的无中心性、开放性、匿名性、散播传递方式、价值多元化等都在摧毁传统意义上的"把关人"。对于中国传统文化，人们可以自行选择其内容的自由度大大增加，这意味着"把关"的减少，"把关人"理论被削减；但是，正因为网络所提供的内容大大增加，所以需要对此有更多的筛选，即"把关"。当组织行为减少时，个体的力量会凸显出来。因而，我们发现在新媒体背景下宏观层面的"把关"相对减弱，而微观层面的"把关"却相对增强，即对受众个体的要求更高了。无论是信息的发布还是信息的接收，受众都需要做好自我"把关"，才能对网络新媒体进行更好地利用。

二、"议程设置"理论

议程设置的基本思想来自美国的政论家李普曼。他在《舆论学》一书中说："新闻媒介影响我们头脑中的图像。"无论是媒介现实还是人们头脑中的主观现实，都有别于客观现实，即非现实的原生态。

国外有关学者认为，大众媒体往往无法确定人们对某一事件或观点的具体看法，但可以通过提供信息和安排相关问题，有效地影响人们对某一事件和观点的关注。大众媒体对事物和观点的重视程度与观众的注意力成正比。媒体议程不但与公众议程对问题重要性的理解一致，而且与媒体接触的数量有关。经常接触大众媒体的人的个人议程与大众媒体的议程更加一致。议程设置理论意味着媒体是参与"环境重组"的机构。

上传网络分享，进入社群，通过反复讨论、判断、博弈和修正，议程被赋予了新的意义和价值，形成了社区议程设置；议程也可能进入另一个社区，形成社区间的共鸣，形成社区间的议程设置；多种媒体的参与从单一媒体的议程设置扩展到多种媒体的议程设置。

网络中的大众媒介议程包括三个部分：个体议程、社群议程和媒体议程。它的特点如下。

（1）新媒体是一个重要的平台。

（2）个人议程在很多情况下成为议程设置的灵感和目的地。

（3）社区议程起着核心作用。

（4）推动社会层面的个人议程设置。互联网为人们提供了议程设置的权利，消除了媒体在议程设置中的权威地位。

议程设置理论从整体上考察了一系列具有较长传播时间跨度的报道活动所形成的中长期、全面和宏观社会效应。传播中国传统文化的效果也是如此。中国传统文化的教育、美育等功能所要实现的都是对人们思想的启迪，给人们真善美的享受。合理运用议程设置理论，可以将中国传统文化传播活动中储存的精神能量有效释放出来，进而形成长期、综合、宏观的社会效果。

三、"媒介景观"理论

法国导演居伊·德波的代表作《景观社会》写于1967年，1988年再写《关于景观社会的评论》。凭借"媒介景观"理论，居伊·德波阐明了对媒介时代的激进批判。

居伊·德波认为，我们了解的世界大部分是由各种知识和消息拼贴起来的，是由大众传媒提供的文字、图片和影像所连缀，它们布置出一个大千世界的幻象，我们生活在它们提供的一个知识架构内部。景观的第一个功能是让人们"看"，在一个景观社会里，所有展现的东西都是好的，好的东西都展现出来。景观是经过垄断性的表现，通过令人眼花缭乱的不回答而实现的，新闻、宣传、广告、娱乐表演中，景观成为主导性的生活模式。媒体文化不但占据了观众越来越多的业余时间，而且为他们的幻想、梦想、思维模式和身份提供了原材料。媒体已然深刻地影响着人们的思想和行为。因而，中国传统文化可以借助媒介景观，通过人们习惯的图片、短视频等方式，以及VR（虚拟现实）、AR（增强现实）等技术，展现在人们面前。

四、马斯洛需求理论

美国心理学家马斯洛提出了需要层次理论。在传播中国传统文化的过程中，首先要满足受众的生理需求，即最基本的衣食住行需求；其次，爱与从属的需要可以使观众回归爱、家庭、国家，形成强烈的情感归属感；最后，为了满足观众对周围世界的求知欲和探索欲，他们所处的环境和本民族的传统文化也是中国传统文化传播过程中应该关注的问题。在新媒体时代，基于传播媒介的多样化和便捷性，中国传统文化的传播在不同程度、不同层面上，符合人们在缓解紧张、收获愉悦感受、舒适温暖的归属感、对文化内涵知识的渴求等方面的需求。

第四章　新媒体发展对中国传统文化的
冲击与促进

传统文化是我国宝贵的文化资源，是反映国家历史文化积淀、增强综合国力、实现中华民族伟大复兴的重要资源。

第一节　新媒体时代中国传统文化传播的现状

一、个人层面的现状分析

笔者对于个人层面的现状研究主要聚焦于受众的兴趣度研究。

（一）受众对传统文化存在认同高、认知低的现象

如今，所有传统文化的信息都是经过报纸、广播、电视和互联网等媒体传播的，受众在接收到这些信息后获得的对传统文化的知识积累，与之前对传统文化的认知相比，有一定的变化，但在目前传统文化的传播方式下，总体上存在观众对传统文化重视程度高、意识淡薄的现象。

（二）受众兴趣度总体较高，对"互联网+"传统文化传播和应用的兴趣明显

调查发现，绝大多数受众对当前"互联网+"传统文化的发展持积极态度，表明观众对其发展有一定的信心。"互联网+"传统文化的应用用户规模逐年增加，向观众展示了互联网传统文化的普及度逐步提高，这一部分是如何让受众对互联网传统文化的兴趣程度提升的。

二、社会层面的现状分析

（一）政府政策：为传统文化传播带来转机

在当前的社会环境下，人们对传统文化存在许多误解和困惑，如果不加以遏制，就会对传统文化的传播形成一定的阻力。如果传统文化要有一个良好的传播环境，这些坏问题需要政府加以澄清。

政府政策是传统文化传播的助推器。政府主导下的传统文化传承顶层设计对推动传统文化的传承起着重要作用。如今，政府更加重视传统文化的传承，逐步出台了一系列有利于传统文化传播的政策，如在义务教育中加强传统文化教育。

（二）文化环境：多元文化传播并存

电子媒体突破了时间和空间的限制，使信息传播畅通无阻，把整个世界连接起来。当前，经济政治全球化进程逐步加快，加上媒体的作用，国与国之间的交流越来越多，文化交流越来越频繁，形成了中国传统文化与多种外来文化共存的文化环境，即多元化的文化交流环境。这种多元化的文化交流环境，使得各国之间的文化交流日益密切。

三、传播过程层面的现状分析

（一）传统文化传播深度内容较少，深度传播仍是关键

在当前各种传统文化信息的传播过程中，传统文化信息的方式多种多样，包括传统文化综合新闻、传统文化政治文章、传统文化深度文章、传统文化理论评论和传统文化访谈报道。但是，在新媒体、新技术的冲击下，纸媒逐步衰落。

（二）专业性传播人才匮乏

目前各类媒体在传播传统文化内容时，信息传播者大多是专业人才，他们对传统文化的理解只是书本和印象，属于浅层认知，传播者对传统文化内涵和意义的认知不够深刻，和一般观众没什么不同。总体而言，传统文化传播专业传播人才匮乏。

第二节　新媒体对中国传统文化传播的挑战

一、泛娱乐化传播趋势下，中国传统文化传播内涵弱化

泛娱乐化的传播倾向普遍出现在传统文化的传播过程中，这对于传统文化的传播内容来说不是一个好的信号。传统文化中的娱乐化传播现象是基于网络固有的传播特性，因而这种现象不但限于互联网的媒体方式，而且在电视中，尤其是各类娱乐节目中也屡见不鲜。

二、传统文化与数字转变的矛盾

传统文化与数字化转型之间存在着一定的矛盾。互联网成为一种新媒体，具有虚拟性和互动性的特点，难以与传统文化融合。因而，在数字化的过程中，传统文化所蕴含的复杂心理和情感往往难以表现出来。各类传统文化网站和应用只是将传统文化的外部内容以简单的信息、图片、视频等方式编辑到网络上。

当前的数字技术主要服务于传统文化数字化的特定环节。我国的数字体系还不完善，传统文化的数字处理体系还没有形成。目前，数字技术的缺乏导致传统文化的数字传播程度不高。传统文化传播的全面数字化还有很长的路要走。

三、传播语言缺乏现代适应性

在古代社会，中国传统文化顺应社会的发展和历史的进程，稳定而有序的传播实际上都是建立在传统社会特有的传播机制基础之上的。"在印刷术诞生之前的口传文化阶段，人类经验的传递必须依靠主体面对面的双

向互动，这也使传统的权威得以维持；诞生于隋唐时期的雕版印刷术，可移动的信息媒介（印刷物）使得人类'超时空交流'成为可能，这不但动摇了传统知识文化权威，更带有批判和"改写"的倾向。"[①]因而，中国传统文化的传播实际上是以家庭为基础的。教师与学生之间的代际交流是一种以口头交流为主、书面交流为辅的交流方式。在家庭的影响下，年轻一代模仿父辈们的文化行为，接受和继承父辈们的认知方式。中国传统文化的本质是成为传统古典话语阐明的内在体验状态。

而现如今，"大众传播时代的到来，大众文化是现代工业的产物，尤其是现代都市社会或大众消费社会的社会结构，从根本上颠覆了古代的传播格局。"[②]如今，一方面，家庭或学徒技能的传承不能适应市场经济的发展，引起许多传统优秀技能面临无人继承的尴尬局面；另一方面，在互联网时代的新媒体环境下，人们进入图片阅读时代。视觉阐明往往比文字等交流方式更具吸引力。然而，当前的传统文化传播模式并没有根据时代的变化及时进行现代性转型，没有在形象与传统之间找到合适的平衡，缺乏相应的现代传播语言。因而，必须迅速适应新的环境，才能继续生存下去。

新媒体技术的发展使"人"取得了充分的"延伸"。新媒体环境改变了人们的生活方式和世界观，却没有人们及时地感知。换句话说，滋养中国传统文化的"工具"，即传播环境发生了显著的变化，但传播语言的"道"却没有相应变化，所以支撑中国传统文化的土壤会越来越贫瘠。

① 黄丹. 新媒体时代中国传统文化传承的困境与反思［J］. 重庆邮电大学学报（社会科学版），2017，29（05）：75–80.

② 晏青. 泛娱乐时代的传统文化传播：困境、方法与走向［J］. 广西师范学院学报（哲学社会科学版），2015，36（3）：144–147，156.

第三节　新媒体对中国传统文化传播的贡献

一、实现了海量信息的传播

在新媒体出现之前，传统文化传播的主要渠道是以报纸、广播、电视为代表的传统媒体。如今，传统文化依托新媒体也可以拓宽传播渠道，提高传播速度，利用新媒体在娱乐互动方面的优势。它还可以使传统文化的传播更加生动有趣，改变人们对传统文化的刻板印象，让更多的人了解和热爱传统文化。

二、丰富了传统文化的传播场景

在新媒体出现之前，传统文化的传播主要依靠政府部门的广泛宣传。在新媒体背景下，提高广大群众对传统文化的关注度和热情，进而调动起大家保护传统文化的积极性，使传统文化能够更好地在人群中传播和弘扬。

新媒体时代，互联网的发展从早期以门户网站为主要传播渠道的单向、线性传播，到自媒体、网站平台传播的蓬勃发展，传播者与受众之间存在身份转换和互动的双向动态传播模式。"场景"的不断细分显然成为互联网时代的一大特征。

基于美国人罗伯特·斯考伯和谢尔·伊斯雷尔的帮助，"场景"成为一个名字进入了传播科学领域。"他们将社交媒体、移动设备、大数据、传感器和定位系统视为构成新格局的五种技术力量，这五种力量与经济黄金时代相吻合，处于良性循环中。可以说，这一场景开始受到关注和重视是互联网发展的必然结果。因而，在互联网时代，场景建设的条件已然完全满足，并且越来越成熟。情景化也成为重要的商业模式之一。

"场景"的构建是基于上文对社交网络、数据、移动媒体等关键要素的探讨，进而解决不同场景下个性化信息和服务的精准匹配问题。本质上是互联网时代场景中"场""景"的重构和再现。一方面，"场"也是"在场"，这是场景建构的先决条件。在移动互联网时代，"场景"已成为通信网络交织的时空节点。这里"场景"的焦点是"场域"，强调的是建筑环境和空间。它是人们在时间和空间的限制下，仍能在这样一个特定的空间中以"在场"的方式形成的一种联系。互联网时代，构建"场域"主要有两种方式。基于用户接受度的应用场景，如各种应用终端的设计，无论是社交软件还是关注生活需求的终端，以及基于游戏模仿的虚拟空间的构建；另一方面，"场域"是以用户参与内容创作的方式构建的，如短视频、直播等自媒体的展现。中国传统艺术作品和传统工匠展示他们的作品或技能在这样一个"场景"的短视频或直播的设计和创建，不但容易看到和接受更多的观众，而且进一步增加了中国传统文化的沟通渠道。此外，"场"的建构除了"场"的塑造外，另一个重要方面就是"场"的建构。如果说"场"的建构是对空间的强调，那么"景"则要求在"场"的空间中要有一种"情感"，将空间中的人联系起来。媒介与受众之间的联系分为三个层次：信息联系、兴趣联系和情感联系。

国外有关学者认为，一个领域可以被定义为不同位置之间客观关系的网络或结构。在移动互联网构建的新领域中，人与人、人与社会的关系被重新定义。在这样一个领域，"场景"的多样化细分，甚至个性化的构建，都是基于互联网技术和移动媒体的发展。"场"与现实相结合，相互依存。

三、推动了中国传统文化的创新

新媒体通过多种渠道和方式，采用多样的风格，对中国传统文化进行传播。在传播过程中，传统文化可以充分借助新媒体的优点，实现文化创新，保证文化与时俱进。随着当今社会的迅速发展，很多新的文化逐步形成，将新文化与传统文化相融合，既能够提高人们对传统文化的认识，也能够推动当下新文化的传播，使中国的文化底蕴更加深厚。新媒体充分利用互联网技术，能够发现传统文化的魅力，找出具有代表性的文化，实现文化与时代发展相结合。传统文化中也会掺杂着一些低俗文化，在进行文化创新的过程中，应摒弃传统文化中的低俗文化，对优秀的文化进行传承，提高中国传统文化的影响力，使广大群众能够充分学习传统文化，从传统文化中领悟到精髓。

在新媒体的推动下，人们可以利用零散的时间收集丰富的信息，通过阅读的方式，掌握传统文化。传统文化在传播过程中不断进行精简，可以被更多用户在短时间内接受，实现信息的迅速有效传递。同时，可以创建与传统文化相关的学习性网站，使广大群众能够更深入地了解传统文化，对文化进行传承和创新，不断拓展传统文化的传播范围，使传统文化被更为广泛地接受。

四、丰富了中国传统文化的传播方式和表现方法

（一）微信、微博

1. 传播方式

微信、微博等社交平台扩大了社交网络，成为人们生活的一部分，使得通过微信公众号、微博等方式传播传统文化成为可能。微博的传播效果更加突出。

2. 表现方法

微信通常以官方账号等方式推送给用户。比如，传统饮食文化通过微信官方账号推送给用户。排版后，漂亮的食物图片和漂亮的文字可以起到良好的沟通效果。微博通过文本、图片和短视频传播。

（二）直播方式

1. 传播方式

直播以实景在线的方式给予用户感官刺激，满足用户的娱乐需求。首先，网络直播具有真实性。它打破了传统意义上的人与人之间的空间距离，不同于传统媒体的内容生产；其次，网络直播具有互动性。主播经过直播将信息传递给用户，用户可以将信息反馈给传播者，满足用户的沉浸

感和双向沟通的沟通权和话语权。

2. 表现方法

以旅游直播为例，从传播者的角度真实再现了一个地区的传统建筑风格、饮食习惯和民俗，在推动当地传统文化的同时，推动当地经济的发展。

虽然互动性和真实性推动了直播的发展，但是直播具有高度的时间敏感性，即用户娱乐碎片化的时间与主播直播的时间同步，这在一定程度上限制了直播的传播。

五、推动了中国传统文化走向世界

在全球化和一体化的浪潮中，不同国家和民族之间的文化差异正在逐步缩小。近年来，中国加大了对外文化宣传和交流的力度。在新媒体技术的帮助下，中国的音像制品、书籍、服装、艺术和其他文化方式继续传播，让更多的人了解、关注和欣赏中国传统文化。这种文化交流不但可以使中国传统文化走向世界，而且可以在文化的包装中重建一种易于被他人接受的文化观，这既是一种文化策略，也是一种发展方式。

中国传统文化的传播意味着中国向世界传播自己的文化，以及世界对中国传统文化的反思。新媒体的出现加深了传统文化的双向流动。

在这种文化传播过程中，新媒体成为一种新的传播方式，打破了时间和空间的限制，其基于网络的开放性和丰富性也为传统文化的传播和研究提供了前所未有的便利。可以看出，传统文化在互联网平台的帮助下正在更广泛地传播，新媒体为中国传统文化的传播和发展提供了新的可能性和广阔的发展空间。

第五章　新媒体时代中国传统文化传播要素分析

第一节　新媒体时代中国传统文化传播的机制

传播机制是指信息传播的方式、方法、过程等环节，包括传播者、传播渠道、传播媒介和接收者等所有构成的统一体，是对信息从发布者到接受者渠道的总结。

一、文化传播的要素

（一）文化信息源

一种文化体系向外辐射信息的原点——辐射源，信息的制造和发源地。文化信息源是创造、加工信息的基地。具备三大条件：在文化人才上，有文化大师；在场所上，有国学、大学、图书馆等文化信息的储存；在传播途径上，有便捷的传播通道。

（二）传播载体（媒介）与内容

信息的本质是其包含的内容或者意义，是信息的灵魂和核心。信息的内容必须借助一定的载体才能传播，载体是实现内容意义的必要工具。内容离不开载体，信息的传播工具，如古代的牛车、快马、驿站；近代的蒸汽火车、飞机、轮船；现代的电子信号。一种文化传播途中，传播途径是否畅通至关重要。运河、大道是文化传播通道。在传播载体与内容的关系上，内容是决定性的，是本质和核心；载体是工具，是为内容服务的。

（三）传播能量与距离

文化传播的能量是指文化的信息品质，形成能量聚居，和能量高地形成辐射的势力差位，使得文化信息从高地向周边流动、传播、辐射。辐射的距离是指文化信息从信息源传播的长度，是对辐射的接受吸收。从传播的能量与距离的关系看，传播的能量与距离成正比，能量越多，传播的距离就越远；传播的距离越短，需要的能量越少。

二、文化传播方式

（一）理想传播方式（波式传播）

由文化源的圆心点向四周均匀辐射。以受化辐射源为顶点、为圆心，向四周均匀传播，使得文化信息能量充分释放，达到覆盖面最大化。受化辐射的方向由高势（强）文化向低势（弱）文化进行。文化辐射的距离与文化辐射的力度成反比，文化辐射的力度随距离增加而衰减。

（二）传播阻碍、失真与增值

文化辐射的障碍影响文化辐射的效果，形成了传播的失真。在文化传播中，自然地理障碍成为文化传播的障碍，如高山、大河、海洋等。文化传播过程中，随着距离加长，文化信息容易失真，需要不断排除杂质。不同的民族文化主体还会对文化源进行增值和本土化，丰富了文化源的包容性，对文化源进行选择、更改和重新解释，如此会对文化源形成增值的效果。

三、文化传播的发生

（一）文化信息与信号

文化哲学把文化传播看作人类生存的必要的、特有的方式，是人与人、个人与社会的交往互动过程。从整个宇宙来看，自然界、植物界、动物界都有各自的信息，是信息的载体。但是，能够进行信息传播的物种只有动物和人类。动物和人类的区别在于动物只能进行信号的传播；而人类不但能够进行信号的传播，而且能够对信号进行再加工和处理，用语言和文字进行规范化，采用信号的信号，即第二信号系统。

动物对一种现象，用特定的行为、气味、声响来表示，并且这种指代是所有的同类共同承认的。比如两名国外的生物学家到南美洲热带雨林地区的亚马孙密林深处去观察巨嘴鸟，巨嘴鸟是一种异常美丽而且嘴巴占身体三分之一的鸟类。当他们返回的时候，无意中踩到了一条响尾蛇，当响尾蛇试图攻击时，其中一名科学家用砍刀杀死了响尾蛇。突然，热带草丛中响起了一阵声响，成百条响尾蛇向这两名科学家袭来。两名科学家迅速爬上了观察巨嘴鸟的大树才躲过了一场劫难。可见，那条被杀死的响尾蛇在死亡时发出了某种信号，比如气味、声响，其他响尾蛇接到信号后，迅速行动起来。动物对信号的识别和接收是动物在后天的环境中，通过学习和训练而获得的。

（二）文化信息的识别

人类生活在信号构成的世界中，与动物的区别在于，人不但能够识别信号，而且能够识别信号的信号——第二信号系统。国外有关动物学家对狗做了试验。狗见到食物时，会自动分泌吐沫，这是动物的生理本能，是先天遗传的产物。后来，每当给狗进食时，亮一下灯，作为信号。经过一个月的强化训练，亮灯成为这条狗进食的信号，最后，每当这条狗看到灯亮时，就会分泌吐液。人在后天的适应环境生活中，必须能够识别信号。更为关键的是人把信号进行了再次改造和指代，用语言和文字指代信号，语言和文字成为第二信号系统。

人是世界上唯一能够识别第二信号系统的高级动物，语言和文字成为第二信号系统的代表。从更根本的意义上说，语言和文字是人类主动创造的产物，并不是不可改变的。信号包括两个方面：一是物质的实体，是信息和符号的载体；二是信号的内容、信息和符号。

（三）文化价值在于传播

文化是人类创造的信息和符号的总和，是一个具有内在生命和规律的自成一体的系统。这个系统具有内在的信念指向和价值导向，形成一种内在的凝聚力。文化这种信息和符号具有能量，文化的功能在于扩散和传递能量。文化传播的本质是文化体系的内在能量的输出，是文化信息和符号的传输形成的流动。

四、新媒体时代中国传统文化传播机制的变革

国外有关学者将传播媒介的历史演变分为部落化—非部落化—重新部落化三个时期。这样的历史分期基本遵循了媒介传播机制的演化脉络。在传统的乡村社会，村民之间关系密切，社会环境相对封闭，所需的信息总量因而也相当有限。人际传播参与性强、反馈及时、方式多样、时空限定（这里的时空限定是指传递和接受信息的时间和地点）的特点使其在乡村信息和中国传统文化传播中占有明显的优势，这也是看似原始的口语、实物媒介在当时非常有效的主要原因。大众传播媒介的兴起加速了传统部落化社会的解体，信息由点对点的双向传递变为由点及面的单向传输。基于缺乏受众参与和反馈的渠道，同时受限于信息传播所需的固定的时间和地点，大众传播媒介将当地人接收信息的场景逐步固化。特别是当电视成为家庭的主要"成员"之一时，人们常被限制在自家的堂屋或卧室里，昔日频繁的人际交流被被动地观看电视所取代。

互联网的出现以一种新的方式使中国传统文化的传播机制再次发生变化。首先，信息的生产、流通机制从过去由电视台或传媒机构的统一采编、发布变为由用户生产、分享内容。网络媒介在一定程度上实现了传播者与受众的统一，内容的采集、生产更加个人化和灵活化。从简单意义上的内容生产来看，人们可以通过不同方式拍摄、上传照片和视频。基于智能手机、数码相机、电脑、网络的普及，越来越多的当地人可以用手机、相机自行拍摄照片，用电脑或手机成为存储、观赏和分享的媒介，去照相馆拍摄、冲洗人像和生活照的需求越来越少；其次，网络媒介强调用户参与的特性激活了受众的参与机制；最后，网络是基础，是在此基础上发展起来的。每个人都与他人直接联系，而不是一个等级和负责任的结构。在层次结构中，网络的多面体球面结构不会出现增长和规模面临的问题。人与人通过网络的直接相连，再现了当地人曾经熟悉的人际传播模式。与传统面对面的人际传播相比，这又是一种新型的人际传播模式。一方面，内

容以数字的方式存在，摆脱了过去语言文字以口语和印刷为媒介的时空束缚。伊尼斯描述的分别偏向时间和偏向空间的媒介在数字时代新的媒介方式中达到平衡。如果说电话、广播是跨越了空间的传播，照片、书籍是跨越了时间的传播，那么将这些媒介融为一体的数字媒介成功地跨越了时间和空间，一切信息都具有穿越空间的速度和穿越时间的可检索性。因而，在网络媒介中实现的传播从根本上改变了过去传播的面貌：数字传播能在刹那间到达任何人、任何地方和数以百万计的人；另一方面，网络媒介所建构的新型人际传播机制淡化了人际传播与大众传播的边界，结合了两种传播的特性，使传播更为有效。在卡斯特看来，网络媒介是网络与个人相互交织形成的高效的信息传输体系。一方面，通过与网络中共享相同文化信念和价值观念的个人相互连接，人们可以迅速完成信息和情感的沟通，同时，通过组织丰富的线下活动可以将在网上形成的亲密关系复制到现实中，实现线上线下双重人际交往，加深了群体的互动意识，有利于群体身份的建构；另一方面，成为无限延伸的网络中的一个节点，个人和群体都可以成为信息发布的源头，面向网络中的其他个人和群体传递自己的文化"宣言"，具有旧时大众传播媒介的广播功能。正是基于这样的传播特性，网络媒介可以完成人际传播、组织传播、大众传播的传播任务，这也是社交媒体在中国传统文化的传播中发挥越来越重要的作用的原因。

另外，数字媒介，特别是数字影像技术的发展与普及，为中国传统文化的传播创建了更多的渠道。人们利用数字影像技术创作、传播中国传统文化内容，特别是质量较高、叙事完整的视频内容的社会行动者主要集中在媒体从业者、中国传统文化保护者、摄影爱好者等准专业人士当中，但随着制作和传输成本的降低，越来越多的普通民众参与到中国传统文化的影像生产领域。

第二节　新媒体时代中国传统文化传播的主体

一、文化传播主体的权利与责任

（一）文化传播主体的权利

文化传播主体的权利可以分为一般性权利和专业性权利。

1. 一般性权利

一般性权利是指普通公民享有的言论、出版、写作、通信等基本通信权利。

2. 专业性权利

专业性权利是指从事文化传播活动的人应当享有的权利，即职业的文化传播主体所享有的权利。他们有权搜集、整理、加工和传送信息，并对自己的作品享有权利。大众传播者还有采访权、报道权、批评权、专业保密权、安全保护权等权利。

（二）文化传播主体的责任

1. 社会责任

文化传播主体在进行文化信息的制作与传播活动中，应自觉树立社会责任意识，自觉杜绝不健康的文化作品，为其作品在社会上所形成的结果负责。

2. 法规性责任

文化传播主体受到法律的保护，拥有相关权利，同时，也受到法律的制约，承担相应的责任与义务。比如，不得从事危害国家安全、煽动民族仇恨的传播活动，不得泄露国家机密，不得制作与传播淫秽信息等。

3. 契约责任

职业的文化传播主体要对自己所在的组织承担相应的类似于合同的责任，即契约责任。也便是文化传播主体采集需要传播的信息，进行分析、鉴别，按照一定的标准筛选与加工信息，传播给受众，并搜集来自受众的反馈信息，以调整以后的传播技巧与行为。

二、中国传统文化传播主体的类型

根据文化传播的理念来看，中国传统文化传播的主体主要分为三种：政府、非政府组织、公民个人。这三种主体在各自的领域中发挥着独特的功能，占据着重要地位。

（一）政府

在实际传播的过程中，政府的作用占据着重要位置。政府成为传播主体，行使着重要的文化职能。这种文化职能，是在政府文化领域之中，发挥服务及指引职能的一种政府行为的转变。政府应该充当授权者、服务者、监督者的角色。政府相对于其他几个社会组织来说，在文化传播的过程中具有独特的地位与价值。基于政府拥有着极大的权利，可以进行制定政策、颁布相关的法令，强制性要求所管辖的范围之内，民众可以执行相关的政策制度。由此可见，政府成为传播者的特性，就是在绝大多数的情况下，既是传播者也是"把关人"，其决定性作用一览无余。

政府应在结合自身实际优势的同时不断研究与完善，提高文化传播力，逐步扩大并提高舆论的指引能力；结合新媒体时代背景，不断发展网络媒体、科学技术等新兴媒体，深入发掘文化内容，加大中国传统文化传播力度，推动中国传统文化朝着更好的方向发展。

（二）非政府组织

国际上对于非政府组织的定义种类很多，具体需要根据现实国情来定义。其中部分学者选择沃夫对于非政府组织的定义进行阐述：以服从公众的宗旨为基础，不会以任何盈利为目的，不得为任何个人谋取私利，自身具有合法、免税的资格，有助于提供捐赠人免税合法地位的组织。非政府组织对于中国传统文化传播力的提升有着很大的帮助，可以结合特色地域文化，传播文化品牌研究、管理等，搜集一些中国传统文化的资料，深入挖掘与研究传播，有利于推动中国传统文化的发展。

（三）公民个人

随着新媒体时代的迅速发展，每个人都是中国传统文化的传播者，在中国传统文化传播中占据重要地位。公民个人可以借助新媒体平台发表自己的观点，对中国传统文化传播有着一定的推动作用。值得注意的是，公民成为中国传统文化传播的主体，既是中国传统文化传播的发起者，也是中国传统文化传播的参与者。公民可以利用媒体的整合，借助现代技术手段实现平台的发展，有利于拓宽中国传统文化传播渠道。

作为一名中国公民，在弘扬传承中国传统文化上有着义不容辞的责任与义务。另外，作为文化传播主体的公民个人，在中国传统文化传播的过程中还以一种独特的方式存在，那便是国家非物质文化遗产传承人，他们对于我国非物质文化遗产的传承有着重要作用。

第三节　新媒体时代中国传统文化传播的受众

一、受众相关研究理论

受众是文化传播过程的重要环节，一直受到学者们的高度重视。他们从不同的角度，对受众进行了深入研究，形成了许多颇具启发意义的理论。

（一）个人差异论

在大众传播的过程中，人们发现，同样的信息内容往往会造成不同的效果，这就引起了个人差异论的出现。个人差异论是以心理学"刺激—反应"模式为基础，从行为主义的角度切入研究的。它由卡尔·霍夫兰于1946年首次提出，并由德弗勒做了一部分修正。每个人的成长环境、社会经历和受教育程度不同，引起性格和心态不同。基于性格、价值观、爱好等因素的不同，面对传播媒介所提供的信息，受众所做出的反应也各有不同，整齐划一的受众是不存在的。

德弗勒认为：①人们的心理结构千差万别。个人之间差异的形成，虽然部分是基于个人的先天条件不同，但更主要的是基于后天习得的不同；

②先天禀赋与后天知识的不同形成了个人差异；③心理结构的不同，是由人们在社会环境中所习得的立场、价值观等造成的；④人们在理解客观事物方面的差异，是由不同社会环境所造成的个人特性的差异决定的；⑤基于对客观事件理解不同而形成的稳定见解，影响着人们对信息的理解。

个体差异理论的最大发现是选择性注意和选择性理解。根据这一理论，媒体在进行说服性传播之前需要了解受众的兴趣、爱好和价值观，再选择相关的信息进行传播。

（二）社会类型论

社会类型论，又称为社会范畴论，由美国学者赖利夫妇于1959年在《大众传播与社会系统》中提出。这一理论是对个体差异理论的修正和扩展。与强调个体心理和人格的个体差异理论相比，社会类型学强调受众群体的特征差异，是以社会学为基础的。

社会类型论认为，尽管受传播者的个性差别很大，但是受众还是可以根据年龄、性别、地域、职业、价值观念等因素的相近而形成不同社会类型的群体。某一社会类型的受众对同一信息的反应大体是相似的。

赖利夫妇认为，对个人的传播行为产生作用的群体是初级群体和参照群体。初级群体包括家庭及邻里伙伴等，是个人最重要的社会支持网络。参照群体是个体认同并用作参考标准的群体，帮助个人确定自己的态度和行为。因而，在进行文化传播活动时，应该考虑到上述问题，有针对性地筛选、制作与传播信息，以保证及增强传播的效果。

（三）社会关系论

社会关系论强调的是群体关系在传播活动中的作用，注意研究群体压力与合力对受众个体的影响。

社会关系论认为，每个受传播者都有自己的生活圈子。这种圈子会对受传播者本人产生直接或间接的影响。大众传媒所传播的任何信息，都必须通过这种生活圈子的审查、过滤或者是抵制。受传播者会接受那些与本群体的观点、理念、意向等相符的信息，并做出反应。而那些与群体观点、信念、意向等不符甚至相抵触的信息，会遭到来自群体成员尤其是中坚分子的排斥。群体也会根据自身的价值观与意向，解释和修改媒体的信息和意见，以保护群体的利益。因而，受众的个体社会关系极大地限制大众传播的效果。

社会关系理论打破了大众媒体影响力的既定印象，使人们看到群体对于受众是否及如何接受信息有着重要的影响。

（四）文化规范论

文化规范论是梅尔文·德弗勒在1966年出版的《大众传播学诸论》一书中提出来的。他认为，大众传媒可以间接影响人们的行为，传播的信息可以形成一种道德文化的规范力量。随着时间的推移，它可以使人们无意识地根据媒体逐步提供的"参考框架"来解释社会现象，阐明自己的观点和意见。这一理论强调了大众传播的间接与长期的效果。

（五）社会参与论

社会参与论又叫受众互动论，最早由美国学者J.A.巴伦提出。他指出，为了维护受众的表现自由，保障他们参与和使用传播媒介的权利，必须承认公民对传播媒介的参与权。20世纪70年代，日本学者就该理论做了很多研究，并进行了初步实践。如今，这一理论已为世界多数国家所接受。

社会参与理论的主要观点如下：①大众传媒应该是公众的论坛，而不是少数人的声音；②允许受众参与传播，就是让他们积极地传播接受；③参与传播也是受众阐明权和抗辩权的具体体现。

二、受众的特点与类型

受众也可称为受传播者，是传播活动中的信息接收方，扮演着媒介产品的消费者、传播效果的反馈者等多种角色。没有受众的参与，文化传播活动就无的放矢，等于没有发生。

一般而言，受众大多用于大众传播的情境之下，包括书籍报刊的读者、广播的听众、电视电影的观众、互联网的用户等。但在人际传播活动中，谁是传播者，谁是受传播者，并不固定，在一定条件下可以互换。同时，人际传播活动大多在有限范围内进行，并没有广大的受众群体。因而，受众这一概念大多用于大众传播。

（一）受众的特点

从受众的空间分布和存在情况来看，受众的特征主要表现在众多性、混杂性、分散性和隐匿性。

1. 众多性

大众传播媒介面向整个社会开放，受众数量极多。从广义上讲，全体社会成员都是现实或潜在的受众群。

2. 混杂性

观众由不同性别、年龄、职业、地区、地位、教育水平和价值观的社会成员组成，彼此之间存在着较大的个体差异，造就了受众群体的混杂性。

3. 分散性

大众传播的受众分散在社会的各个角落，有的相距千里。除了"受众"这一统一身份之外，他们之间并无正式的、组织性的联系。

4. 隐匿性

尽管受众群体会采用各种方式直接、间接地参与传播活动，但对传播者来说，受众展现出一种隐匿状态。传播者很难确切地知道某一受众的具体特征，只能通过大范围普遍性的调查，了解大多数受众的总体特征和相关需求。

就受众接受信息的内在机制看，受众又具有以下特点。

1. 自主性

受众是真实存在、有感性认识的客观实体。他们有强烈的自主意识，不会被动、消极地接受信息，不会盲目地被传播者所左右。面对媒介信息，他们会主动筛选，对信息做出直接或间接的判断，并且会提出自己的观点，向传播者反馈。

2. 自述性

对传播者所传播的信息，受众不一定完全按照传播者的意图理解与接受，而是会做出自己的判断和解读，并且进行再传播，向他人表述自己的观点和想法。

3. 归属性

受众虽然有分散性、隐匿性，但这并不意味着他们无类可归。根据年龄、地域、性别、兴趣爱好、个性特征、价值观念等因素，受众个体总是自觉或不自觉地将自己划分至某一特定的群体。而现代传媒也同样注意到这一点，因而才有体育频道、交通广播电台等不同的设置。

（二）受众的类型

受众人数广大又千差万别。为了在文化传播过程中有的放矢，有必要对受众进行分类。从不同的角度，受众群体主要可以分为以下几类。

1. 一般受众与专门受众

根据受众对信息的不同需求，可以将受众分为一般受众和专门受众。一般受众有联系各种媒体及其信息的愿望，但没有需要特别锁定的媒体内容。他们接触信息主要是为了满足日常生活中的好奇心和娱乐性。专门受众则有着共同的兴趣与爱好，以及相同的接受倾向。他们参与传播活动的目的性与功利性比较强，比如球迷、歌迷，都属于专门受众。

2. 基本受众与潜在受众

根据媒介对受众的了解程度和受众对信息的使用程度，可以将受众划分为基本受众和潜在受众。基本受众是业已成为某一传媒内容较为忠实与稳定的受众群体。从理论上讲，传播媒介对全社会开放，所有成员都可成为其受众，但事实却是绝大多数受众对于传播媒介有自己的偏好。他们往往选择某个或某些媒介成为信息的主要来源，比如某一网站、频道、社交平台。这部分受众便是这些媒介的基本受众。潜在受众则是指对某一类媒介内容在心理上有潜在的接受意愿的，目前没有但以后可能会接触与使用媒介内容的受众。

3. 读者、听众、观众、网民

根据所接触的媒介类别，受众可以划分为：（报纸、期刊、书籍等）读者、（广播）听众、（电视、电影）观众、（互联网）网民等。

三、受众的心理

受众成为中国传统文化传播的对象，基于其成为学科的特殊性，更多的是成为传播学或大众传播学的研究对象和领域。作为社会的一员，无论是指一个普通的群体还是指一个特殊的个体，观众成为社会中的一员，不可避免地具有特定时代的影响力和品牌。

（一）求实心理

这里的"真实"一词既有真实的意义，也有实际的意义。第一，这种心理使观众不愿意把有限的时间花在空洞或不真实的传播内容上，他们希望媒体提供的信息是合理和可靠的；第二，如果要有对生活的渴望，那么在日益激烈的现代社会竞争中，心理学知识被打上了时代烙印，受众明显表现出了更务实的心理取向。

（二）求乐心理

现代社会中，受众一方面希望媒体能够为自己传播知识信息，特别是真实有用的知识信息；另一方面，在工业化、城市化的社会生活和市场经济的激烈竞争中，受众往往处于一种紧张和压力的状态。事实上，节目所创造的娱乐是观众的一种深切的解脱和持久的享受。它还具有放松和理解现实生活本质的效果，这与节目所创造的娱乐性是一致的。

（三）求异心理

人是社会关系的总和，其思想本身具有多样性。受众总是希望从各个角度、各个方向获得信息，并可以做出自己的选择。在社会化过程中，受众主要受到社会主流价值观的影响。这种宣传对于观众形成积极的态度和观念非常重要。"免疫论"是关于受众态度的理论之一。如果受众的思想没有经过反对意识形态宣传的训练和检验，一旦受到反对观点的攻击，受众的态度很容易改变，因为它经不起反驳。

（四）选择性心理

研究指出，受众在信息接受过程中，会受到选择性心理机制的影响，即选择性注意、选择性理解和选择性记忆。

1. 选择性注意

面对数量巨大且常常相互矛盾的信息，受众必须进行取舍，选择性地予以注意。一般而言，人们总是倾向于从自己原有的意见、观点和兴趣出发，选择接触与其原有信念、态度、价值观等较为一致的信息，而尽量回避那些不利的信息，反映了选择性注意的心理机制。

国外有关学者指出，影响受众选择性注意的因素是认知结构的个人差异；社会成员的类型；社会关系密切的人可能会更加关注朋友和家人感兴趣的问题。

针对受众的选择性心理，传播者可以遵循以下原则传播信息。

①信息容易获取。容易接受和理解的信息容易引起受众的注意。

②信息具有意义和对比。社会中的重大事件容易引起注意，与实际环境中的其他信息能形成强烈对比的信息也容易引起受众的注意。

③方式灵活多变。传播者可以通过强调、比较、重复、变化等手段突出传播内容，吸引受众的注意。

④要考虑到受众对媒介的接触习惯不同。不同的受众对媒介有不同的喜好与使用习惯。比如司机可能更多地使用广播媒介，老人可能更多地使用电视媒介。

2. 选择性理解

受众对文化信息的选择性注意只是第一步，接下来，他们还需要通过自己的思维活动，对传播内容进行理解。国外有关学者指出，理解是一个复杂的过程，在这个过程中，人们选择、组织并将感知到的刺激解释为对现实世界有意义的、统一的画面。这句话指出了人类在理解过程中的主动性。出于多种因素，不同的受众对于同一则信息可能会有不同的理解，有时甚至完全相反，这便是选择性理解。

受众对文化信息的理解，是一个受众根据自身的经历、态度、需要、情绪等主观因素对文化信息进行再创造的过程，进而造成对文化信息的理解差异。一般来讲，选择性理解可以分为三种。

（1）创造性理解

创造性理解是指受传播者根据文化作品的内在思路与逻辑走向进行的理解，进而充分展现文化作品所蕴含的丰富意义。比如，曹雪芹的《红楼梦》，以其丰富的内容与深刻的含义，引起了一代又一代研究者的兴趣，相继从不同角度提出了很多创造性理解。

（2）歪曲性理解

如果受众不能根据文化作品的内在思路与逻辑走向进行理解，而一味依据自己的态度、立场、情绪、成见等主观因素理解作品，就有可能形成与传播者的既存立场及传播意图全然不符的结果，造成歪曲性理解。

（3）卷入性理解

在文化信息的传播过程中，出于某些因素，受众有时会混淆符号虚拟世界与现实世界的区别，而做出卷入性的理解与反应。

心理学中有一种投射效应，是指个体在接受外界刺激时将自己的经验和情感投射到物体上的一种心理现象。受众面对传播者所传播的文化信息，往往会以自身的特性与心理为依据去理解和推断其中的含义。投射效应可以帮助受众理解传播的内容，也可以使传播内容基于受众主观因素的影响而形成不符合传播者意图的现象。

中国传统文化的传播者正在制造和传播信息，可以先传播受众能够接受的观点或思想，再将自己的观点和思想渗透进去，使受众感觉传播者的思想观点与他们所认可的思想观点是相近的，消除他们的防范心理。研究阐明，如此做可以使人们更快、更容易接受传播者所主张的思想观点，而传播者本人在受众面前也容易成为一个可亲的、与他们有许多共同点的人。传播者只要找到受众既有的立场和基本态度，并适当地运用这种方法，就能更有效地对受众施加影响，顺利地达到自己的传播目的。

另外，在传播过程中，文化传播者还要注意编码的清晰与准确，努力减少受众理解偏差的可能性，尽量使所传播的信息能够被更多的人正确理解与接受。

3. 选择性记忆

在中国传统文化传播过程中，文化信息被受众注意并理解之后，要想给受众留下深刻印象，还需要经过选择性记忆这一关。基于人类记忆力的限制，不可能记住所有信息，只有少部分信息会被受众记住。研究阐明，面对数不清的信息，受众尤其会倾听有利于强化和保护其原始观点的信息，而忽视或忘记与自己观点不同或相反的信息。

一般来说，受众会选择有意义、恰当、有益且愿意记住的信息，而忽略或压制无意义、额外、不利且不愿记住的信息。这种主动选择和记忆中的选择便是选择性记忆。影响选择性记忆的因素很多，主要是观众的心理需求、态度、情绪、动机、传播方式、传播质量等因素。

受众的主观因素会影响他们的选择性记忆。比如，经过受传播者用心加工或创造过的信息，更容易被记住；符合受众需要的信息，更容易被记住；能够吸引受众兴趣的信息，更容易被记住；能够打动受众感情的信息，更容易被记住。

信息本身的因素也可以影响受众的选择性记忆。比如，受众从未经历过的新异性信息，更容易被记住；最先出场或者压轴出场的节目，更容易被记住；内容质量好的信息，更容易被记住；有意义的信息，更容易被记住；少量而有规律的信息，更容易被记住；在文章前后有关于文章背景、内容摘要、人物生平事迹等有意义的背景材料，更容易被记住。在节目或作品中，主题的存在或不存在及其出现的先后顺序也对传播者对作品内容的理解和记忆起着重要作用。

多种传播媒介的综合运用也有助于受传播者的选择性记忆。一部印刷作品被搬上电视或电影荧屏，给受众造成的影响更加深刻，更容易被记住。多种媒体的综合运用可以使媒体相互学习，加深受众对信息的印象。

受众在信息接受过程中，选择性注意、选择性理解和选择性记忆是三个不可忽视的重要环节。信息必须经过一层层的筛选过程才能被受众完全接受：首先需要赢得受众的注意，其次被理解，最后再被记住。而这三个环节都会受到受众选择性心理的影响。传播者可以决定与制作信息，但却很难决定受传播者接受哪些信息，以及如何接受。因而，在信息的制作与传播过程中，传播者要谨记受众的选择性心理，在传播的方式与内容等方面有针对性地采取措施，以便顺利地通过这三个环节。

四、新媒体时代中国传统文化受众角色的转变

（一）由单一的接收信息向传受合一转变

在传统媒体中，中国传统文化的受众基本上是被动地接收相关信息，个体间的差异往往被忽略。与传统媒介最大的不同是，互联网实现了类似

于人际交流的双向信息传播模式，即互动性的模式，这是对旧有传播方式的一个革命性变革。网络和新媒体的发展为大众与媒体平等交流提供了一个平台，受众享有前所未有的参与度，可以自由选择、主动获取，甚至制作与发布信息，由单一的信息接收者转变为传授合一的角色。这大大提高了中国传统文化受众的主动性与参与性，使"传播者中心"被"受众中心"所取代，中国传统文化受众的主体地位被认可。

　　总之，新媒体的社交性和互动性使中国传统文化受众的主体地位得到提升，受众由信息的接收者到集传受行为于一身，由信息产品的单纯消费者到可以自己生成内容，角色发生了巨大变化，因而，很多学者认为，新媒体的兴起与普及，使传统的"受众"概念无法准确界定这样的角色，而建议以"用户"一词取而代之。

（二）由大众化需求转变为个性化需求

　　基于传统媒介的传播方式是"点对面"的，中国传统文化受众个体只是受众群体中的一部分，媒介不会专门针对某一个个体的需求来传播信息，受众对于信息的选择余地相当小。因此，以往的受众研究往往从一般受众出发，力求最大限度地满足全部受众的共同需要。但随着信息技术的发展与互联网的普及，网络用户越来越展现出小众化、个性化的特点与需求。中国传统文化的受众可以在海量信息中搜索、选择、制作与传播信息，通过媒体取得自己需要的信息和进行自由的信息沟通。

　　中国传统文化的受众虽然是一个庞大的群体，但在性别、年龄、地域、教育水平、文化水平、兴趣爱好、价值观等诸多方面存在差异，对信息的需求和偏好也存在很大差异。在互联网上，中国传统文化的受众可以找到志同道合的人，组成一个小组，根据自己的需求和喜好搜索和发布自己喜欢的信息。新媒体是创造个性化空间的有效工具，受众的个人喜好不必被压抑，都能够得到最大程度的满足。同时，新媒体面临信息的海量化，受众的选择余地大大增加，但面对冗余的信息，筛查也已成为一种必要。在网络空间，每个人都可以根据自己的需要定制内容，过滤信息，创建自己的专属媒体。借助先进的技术手段，新媒体可以根据不同群体的特征为受众提供所需信息。互联网的小众化发展趋势，使得用户的非主流需求得到认可与重视，进一步推动了小众化的发展。

互联网时代的小众化、个性化趋势，推动了文化的多样化、包容性，也推动了用户个体创造力的发挥与个性的张扬。

第四节　新媒体时代中国传统文化传播的内容

一、短视频对中国传统文化的传播

（一）体验感的饮食文化

中国是一个美食大国。不同的地方有不同的饮食习惯、食材和烹饪方法。无论是传统媒体、新媒体还是手机短视频，饮食文化的传播都有巨大的市场。短视频在互联网上创建了大量受欢迎的餐厅。以西安为例，手机短片增加了饮食文化的体验，以美食文化为依托，推动西安经济的发展。

1. 美食短视频营造"陌生化"的在场体验

"陌生化"的实质在于使人们从日常生活中解脱出来，摆脱常规化制约，让人们在"熟视无睹"的事物中获得新发现。以探店类美食短视频为例，它去到一个陌生的城市，以陌生人的视角发现这个城市的美食与周边的人，通过"进店—进食—进建（议）"这一过程打造了一场关于陌生的邂逅。它倾向于还原生活本身的美，在视频中既展现精美装修的商场餐厅，也展现稍显凌乱的街边小摊，镜头分享着食客被美食打动的各种感受，让人们感受到生活的美。在旅行探店的过程中，将各个地区独特的饮食文化展现在用户面前，这些略有耳闻的美食唤起用户陌生化的感受和体验。

探店类美食短视频，具有非虚构、无脚本、真实记录的特点，创作者多采用第一人称的叙述方式。第一人称因视角的记录特性通过"我"的身份体验或展示，让视频内容更具真实感和现场感。第一人称视角只是为观众感受现场与真实提供了一个叙事的角度，有效与充分的互动才能将这种感受转换成一种在场的体验。作为新媒介的重要特征之一，互动性对于普通的使用者而言意味着接近性、感官激活的程度、感觉到的速度，以及远距离的在场感。正是基于这种实时性和互动性，网络空间中的人们不再只是被动地接受媒介所塑造的形象，而是能够亲自构造和参与"真实"的场景。

2. 美食短视频对城市形象的民间塑造

（1）美食短视频对传统宣传片的补充

短视频展现的内容与官方宣传片传递的关于城市形象的愿景是有差异的，可以视为短视频对官方的解构。但这种解构同时也是一种创新和建构：提供了更多关于城市形象可能性的信念、更多的城市形象的信息正价、一种高可信度的城市形象信息。

美食短视频只展现城市的某一个或几个角落，是一种微观视角和平民视角。对比以宏大叙事为主要叙事视角的官方宣传片，短视频在进行城市叙事时采用的是碎片化的方式，可以满足分层受众多元化的信息需求。这种碎片化在平台的整合功能与聚类作用下还可以形成一个比较系统的传播体系，在整体上塑造一个完整的城市形象。平民视角的力量能够拉近传播主体与观众之间的距离，起到情感唤起的作用，听到美食短视频中食客、老板发出的"欢迎大家来里吃×××"的声音，就像是听到热情的朋友在邀请你去他家做客。美食短视频为网民了解一个城市提供了独特的食物视角，与旅游宣传片相比，它只专注城市"美食"这一个方面，容易形成记忆点。

（2）美食短视频勾连不同时空的人与感受

短视频还可以作为媒介，聚集起不同时空的人，他们通过弹幕、评论等反馈方式向共同生活在一个城市的人分享记忆、讲述故事、抒发感情；向其他城市的人介绍风土人情、表现友好、发出邀请。尽管网友评论的具体内容很重要，但网友聚集在一起讨论一个城市这种行为更重要。美食不但刺激人的味觉，而且会成为人们关于一个城市记忆的线索。在美食短视频中，食物更像是一种承载着记忆与情感的精神链接。如热门城市成都、西安、广州等经短视频的日常内容分享，不但在美食上抓住了一部分人的眼球，而且打造了属于自己的饮食文化。美食类短视频可以将不同时空的人凝聚起来，有过该城市体验的人围坐在一起，在美食线索的提示下形成一个可以追忆过去、体味当下、展望未来的美好情绪氛围。

3. 美食短视频的对外传播优势

美食短视频具有创作门槛低、人人可参与、用户黏性高、社交属性强的传播优势，另外，其还有对外传播优势。国内自媒体一般都会在国际社交平台与短视频平台上注册账号。自媒体选择在国际平台上传播短视频的原因很简单，国际短视频平台既有中国用户也有国际用户，而用户观看面临的流量具有经济价值。

美食类短视频的对外传播具有以下优势：对比有政府背景的机构媒体，外国受众更喜欢民间媒体；美食类短视频一般不会涉及政治内容，不易被平台封号；饮食文化在跨文化传播中拥有较低的文化折扣，中餐被认为是最能代表中国传统文化的元素之一；可以用非语言的符号方式进行传播，通过表情、肢体语言感受美食文化的魅力。

（二）时尚化的旅游文化

"世界那么大，我想去看看"真实地反映了人们探索未知世界的渴望。利用城市自身的热度发展本土文化，已成为中国传统文化的传播方式之一。

以某平台为例，西安抖音城、故宫博物院、钟楼仍处于高位。深厚的传统文化为这些景点增添了光彩，引发了用户的好奇心、自豪感和娱乐性。

大唐不夜城以现代科技为依托，将传统文化与灯光形象完美融合。在明亮的灯光下，具有大唐特色的传统建筑和名人雕塑为短视频的传播者提供了素材。传统服饰文化与戏剧性的"不倒锅"相结合，吸引了用户对传统文化的消费，调动了用户的娱乐性。

（三）热点化的历史文化

历史文物类仿佛脱离于日常生活，用户只能在博物馆里看到文物。然而，历史和文化本身来自人们的日常生活。鉴于中国悠久的历史和文化，历史和文化的传播可以激发中国人的文化信心。博物馆之旅已然成为现代移动短视频的胜地，这是当代流行文化的一部分。

（四）氛围化的传统节日

传统节日是极其重要的非物质文化遗产，是中国传统文化的精髓。然而，随着第四次工业革命和全球化浪潮的进一步发展，以农耕文明为基础的传统节日文化在节日仪式、文化习俗和节日观念上受到了前所未有的冲击。特别是在本土网络文化与消费主义相结合的现代信息社会环境下，年轻人成为传统文化的继承者，他们逐步被扁平、娱乐、独立的本土网络文化所吸引。年轻人"文化旨趣"的转变进一步凸显了传统文化传承和传统节日现代化的紧迫性。短视频在现实生活中对公众有着深度的渗透，它在再现传统节日文化文本、传播传统节日文化符号、体验传统节日文化记忆等方面，具有传统媒体无可比拟的优势，同时它也契合了个人在现代社会的生活方式，传统节日的现代转型之路面临了可能性。

二、动漫产品对中国传统文化的传播

（一）神话故事与民间传说

动画产品的创作本身也可以说是一次"神思遐旅旅"，需要打破时空的界限，借助丰富的想象力，超越平常的思维，努力展现"思接千载"和"视通万里"。因而，在动画产品主题的选择上，我们可以从这些传说中找到灵感。

（二）寓言故事和童话故事

寓言故事之所以受到人们的青睐，是因为寓言生动、哲理丰富、教育意义深刻。许多动画产品基于寓言故事和带有典故的成语，一方面，他们在行为方式上既向人们展示了积极的一面，也向人们展示了消极的一面；另一方面，他们在思维方式上给人们以启迪，如南郭先生与狼的故事、三个和尚挑水的故事及独木桥的故事等。

（三）以京剧为代表的戏剧艺术

在中国传统文化中，戏曲的艺术方式涵盖了文学、绘画、声乐、舞蹈、武术、语言等方面。在漫长的历史中，戏剧一直在进步。鉴于历史阶段和文化差异，戏曲演唱具有不同的地域特征。京剧是一种典型的戏曲方式，它以唱、念、坐、打及舞台动作的表演为主，与其他艺术方式有着显著的不同。戏剧表演强调运用以生活为基础的常规动作。风格化是每个人都认同的常规，戏剧所展现的内容毕竟不能等同于现实生活，而是对其进行夸大、总结和提炼的结果。比如，对于戏剧中的角色来说，他的外表是固定的。动画应该充分利用这种方式的外观来表现人物类型，鉴于观众对传统艺术的长期接受，这将更容易被接受。

（四）以水墨画为代表的传统绘画艺术

在中国，绘画艺术种类繁多，而水墨画可以说是中华民族特有的精华，展示了几千年的文化积淀。在世界艺术门类中，水墨画是独一无二的，不但其意境深刻，而且其精神内涵也极其深刻。水墨山水画必须以笔墨的方式展现，而水墨山水画精神的生动表现有赖于笔墨的协调。在中国山水画的创作过程中，水墨的选择是重中之重，同时，书法非常细腻，有正反之分，作者根据毛笔柔软度的差异，选择不同的毛笔，一定要在山水画中有不同的线条，内涵深刻，深刻体现了中国山水画的意境。首先，动画中人物的光环、氛围和形象要充分展现；其次，动画必须注重其精神内涵，即动画作品中各种元素综合能力的表现。早期，中国动画的灵感获取、材料选择和审美导向主要基于水墨山水画。中国动画以其独特的笔墨、文化积淀和审美需求，在国内外创造了一个世界。

（五）以民族服装为代表的装饰艺术

中国服饰文化元素源远流长，可以追溯到夏商周时期。西周创建了完整的封建服饰体系，包括衣服、裙子、鞋子、帽子和各种装饰品，以及配套的发型和化妆。就服装风格而言，隋唐是最多样化的。以官服为例，不但有特殊的祭祀服，而且有办公服和日常生活服。此外，不同级别的官员在服装图案和颜色上也有所不同。在清代，礼服、长袍和帽子很常见，当时的女性旗袍是旗袍的原型，在女性中非常流行。

卡通脚本的类型对塑造人物形象起着关键作用，也影响着人物服装的选择和搭配。通过卡通人物不同的服饰装饰，可以反映人物的性格、职业、地位等。

三、国风游戏对中国传统文化的传播

（一）基于中国历史的人物设计

国风游戏中的游戏角色设计主要包括游戏角色设置和角色服饰化妆，角色形象成为一种视觉符号，对游戏玩家来说非常重要。

首先，在人物设置方面，中国式游戏中的人物通常来自历史人物、文学作品和神话传说。

其次，角色服装是中国风格游戏区别于其他风格游戏的另一个重要因素。受到历朝历代文化的影响，中国古代服饰展现出"和而不同"的特点。例如，商朝的服饰庄重、汉朝的服饰清新、唐朝的服饰丰满华丽、清朝的服饰精致……

基于中国古代严格的等级道德，在不同的场合需要穿不同的衣服，因而出现了不同类型的礼服、丧服、朝服和祭祀服。

（二）具有民族特色的游戏场景

中国古代建筑分为六大流派：皖派、闽派、京派、苏派、晋派、川派。不同的建筑流派有其不同的建筑风格，或绿瓦白墙，砖雕门楼；或山水环绕，曲径通幽；或斗拱飞檐，大方而稀疏。

除了建筑风格之外，游戏中的自然景观也在创建游戏场景的风格中发挥着重要作用。在游戏设计中，尽可能地再现自然景观，用几种不同形状的岩石、植物等，将年轻的水墨融入当下的画面中，山峦、雾霭、村舍，仿佛游荡在山水之间，在倾斜中，感受国画中的美景，品味悠闲自得的意境之美。

（三）展现传统魅力的台词音乐

游戏中的对话蕴含着丰富的传统文化内涵，游戏中人物的对话大多包含古诗词。这些诗词让玩家感觉自己仿佛走在一幅风景画中，使演奏者对传统文化有了更深的感受和更大的兴趣，这是传统文化年轻化的体现。

（四）源于传统文化的价值理念

传统文化的价值理念在国风游戏中主要表现为儒家思想、道家思想和佛教思想。近年来，国风游戏的制作者越来越多地将注意力转向儒家、道教和佛教等国学经典，以传统文化价值观的"好筋骨"提升国学游戏的"精气神"。

儒家思想是浩瀚传统文化的精髓。儒家强调尚礼、树仁、立义，提倡忠恕、中庸，提倡以德治国、施仁政，重视伦理道德教育，其核心思想是"仁"。此外，"信"与"义"的概念对古代江湖义士产生了深刻的影响，而民族风格的运动会也吸收了其精髓，创作了大量传奇江湖、剑神话剑客题材作品。

第五节　新媒体时代中国传统文化传播的介质

介质是指一种物理量，或某些物理现象发生时成为媒介的物质或空间，如声波、光波可以借由空气传播，空气便是声波、光波的介质。本节所说的介质是指用于传播信息的媒介。

一、媒介的内涵

人类的文化现象、文化活动和文化事象，必然要依托一定的文化载体才能传播和传承。这便是文化媒介。

随着学科的细分和研究的深入，"媒介"一词的内涵发生了很大的变化，有广义和狭义之分。广义上的媒介是指阐明事物之间关系或行为的媒介或工具。广义媒介的代表学者是加拿大传播科学家马歇尔·麦克卢汉。在麦克卢汉看来，一切事物都是媒介，媒介就是信息，也就是说，所有能使人、人和事物或事物有关系的物质都是媒介，所有媒介都能与人有某种联系。也就是说，广义的媒介是人与动物共有的，如蚊虫是传播疾病的媒介、狼烟是传递战争信号的媒介、绣球是传递爱情信息的媒介，等等。

狭义的媒介是"传媒"的概念，即信息传播的载体，是传播者发送信息和接受者接收信息的工具，是传播者和接受者之间的纽带。如报纸、广播、电视、互联网等当今社会信息传播的载体，就是信息发布者联系信息接收者的工具与纽带。根据这种理解，当我们看到洞穴中出土的北京人化石，以及骨角器、打孔的动物牙齿和磨光的石珠等文物时，这些文物就像一个无声的叙述者告诉我们这样一个信息：在山顶洞人所处的时代，人类共同劳动，共同分享食物，没有贫富贵贱的差别，但他们已然掌握了切割、抛光和钻孔的艺术，学会了用手生火，以狩猎为生，用骨针做衣服，还学会了爱美。换句话说，化石本身便是一种载体，一本无声的书，让我们今天能够感受一万年前旧石器时代的生活。无论是广义的还是狭义的，媒介承载某种物质或传播某种信息的能力，从根本上说，取决于它的真实对象和物质能量。

文化传播的媒介是指在人类的文化传播过程中所采用的手段、条件和载体。文化传播的主要方式是口语传播、文字传播、非语言传播。

（一）媒介的实物体

任何有形的文化都是由一定的物质构成的。它是利用材料的某些特性传播人类创建的信息的载体。比如，古人用石碑、石刻阐明一种信仰、一种思想、一个人、一件事的记载，就是利用石头坚固耐用的特点。

基于物质的不同，物理对象的性能也有很大的不同。比如，石雕物只能简单地传达某种信息，而纸雕物则可以详细地记录事物。但基于生产方式不同，其物理形态也有所不同。上釉的是瓷器，未上釉的是陶器。

从另一个角度来说，媒介的实物体也便是文化传播的载体，即传播的文化是依附在一定物质上的。如甲骨文是刻写在甲骨上的文字。从载体上说，任何文化传播载体都有"硬""软"之分，即是硬载体和软载体的合二为一。二者的区别是，硬载体更多的是物质的，是构成一种文化媒介的先决前提；软载体多为符号的、方法的和承载技术的。比如，纸张是纸质媒介的硬载体；而文字或图案、书写或印刷等，则是纸质媒介的软载体。又如，电波是电子媒介的硬载体，只承载声音的是广播媒介，既承载声音，又承载图像的就是电视媒介。

（二）媒介的物理能

物理能原是物理学的一个概念，指物体的功能和能量的大小。我们借用物理能这个概念来表示媒介所能发挥的功能和能量，即物体能够承载的传播能或语言符号功能的大小。

作为物质都是具有一定的能量的，媒介也是如此。首先，广义上的媒介是使事物之间发生关系或作用的介质或工具，但介质的关系与作用有大小之分，关系大、作用大，媒介的传播能就大，反之就小；其次，媒介的传输能量与材料密切相关。不同的媒介材料，其物质能量和文化承载方式及内容都有很大的不同。比如，以硬材料为特征的石刻可以永久保存下来，但它们只能简单地承载某种文化观念、文化模式，或者简单地记录某种重要事件；最后，科学技术含量越高，媒介的物理能越大。以稻草和树皮为原料的纸张，其材料特性是经过排版可以无限复制（印刷）。纸媒介取代了竹简，成为人们交流的工具和文化媒介。无线电波的物理能量是无线电波在空中的传播速度（300000公里/秒，即一秒钟绕地球七圈半）。人类利用无线电波的物理能量加载声音和图像信息，进行社会信息传播，包括广播、电视、互联网等大众传播工具。

二、中国传统文化传播的主要媒介

在人类历史上，与人类文明的进步相应，文化传播的媒介经历了一个从单一到综合、从简单到复杂的发展过程。在广播、电视与网络出现以前，人类的文化传播主要依靠书籍完成。在现代社会，书籍、广播、电视、电影、网络等都是文化传播的重要媒介。它们的发展不断改变着人类的文化环境及其社会生活，深刻地影响着人们的思维模式和价值观念。

（一）书写媒介

书写媒介是由自然物简单加工而成的负载符号的物质实体。书写媒介有泥板、石头、树叶、树皮、甲骨、羊皮、纸张等。比如，古代苏美尔、巴比伦、赫梯、波斯和亚述等国将文字写在黏土板上；古埃及人将文字写在莎草纸上；古印度人将经文写在贝叶上；欧洲人将文字写在羊皮上；在纸张发明之前，中国人将文字写在甲骨、青铜器、竹简、缣帛等载体上。但这些载体或者太笨重，或者成本太高，或者保存困难。直到中国人发明了纸张，才妥善地解决了书写媒介的上述问题，大大推动了人类文明的发展与进步。

（二）印刷媒介

印刷媒介是人类历史上最早的大众传播媒介，主要类型有书籍、报纸、杂志等。

造纸术与印刷术的出现，使人类的文明进程进入了一个新的阶段。唐朝初年，我国发明了雕版印刷术，印刷于咸通九年（868）的《金刚经》，是世界上第一本标明印刷日期的雕版印刷品。北宋年间，毕昇发明活字印刷术。公元15世纪，德国人约翰·古登堡受活字印刷术的启发，发明铅字印刷。明崇祯十一年（1638）出现用木刻活字排印的《邸报》，开我国报纸印刷业的先河。1704年，美国人约翰·坎贝尔创办第一份连续印刷的报纸《波士顿新闻信札》。1833年，世界上第一份便士报——《纽约太阳报》诞生，标志着人类进入真正成熟的大众传播时代。

与书写媒介相比，印刷媒介在中国传统文化的传播方面具有很大的优势。它有以下特点。

①可以迅速、大规模地打印和生产。

②读者善于传达深入的信息，需要投入自己的想象力和思维。

③读者可以根据自己的喜好和习惯决定阅读的时间、地点和方式。

④保存性强，可长期保存，反复阅读。

⑤时效性较差，难以做到传播信息与事件同步。

⑥文化程度低的人和文盲无法充分使用和分享其中的信息。

（三）广播媒介

广播是指录编、传送和接收声音信息的传播媒介。它出现在20世纪早期，并迅速成为人类生活中重要的传播媒介。与印刷媒介相比，它几乎不受时间和空间的限定，传播速度十分迅速，受众也遍布全球。

与其他媒介相比，广播媒介具有十分鲜明的特点。

①它是听觉媒介，听众可以一边做事一边收听，以其作为工作与生活过程中的背景。

②时效性较强，传播信息迅速及时，有时与事件的发生几乎同步。

③对听众文化水平的要求比较低，无须学会识字。另外，收音机成本

低.廉，易于携带。

④选择性较差。广播是时间性的媒介，按照时间的线性顺序进行传播，听众无法在同一时间内自由选择收听内容。

⑤保存性较差。广播内容以声音的方式存在，转瞬即逝，不宜传播比较抽象、艰深、复杂、专业性强的内容。

基于广播的时效性与便捷性，尤其是其听觉媒介这一特点，使广播的优势十分独特。听众可以在收听广播的时候从事其他活动，如驾车、做家务、锻炼身体等。这使广播拥有了其他媒介很难比拟的优势。

（四）电视媒介

电视媒介是指使用电子技术传输图像及声音的大众传播媒介。1936年，英国广播公司在伦敦建成世界上第一座电视台。20世纪40年代以后，电视迅速普及，成为影响力最大的媒体。1958年，中央电视台的前身北京电视台开始播出，开启了中国电视文化发展的历史。研究发现，电视使人们每天的传媒接触时间由过去的几十分钟提高到几个小时，对社会生活产生了广泛而深刻的影响。它的诞生、发展和普及，是20世纪人类社会生活中最重大的事件之一。

电视媒介具有以下特点。

①电视是视听合一的媒介，声像兼备。

②现场感、参与感和过程感较强。电视以其真实生动、富有冲击力的画面与声音，使受众仿佛身处现场，具有较强的感染性。

③时效性较强。信息传播迅速及时。

④电视对受众的文化水平要求较低。

⑤保存性较差。电视与广播一样，传播的信息转瞬即逝，不适合表现太过艰深的内容。

⑥选择性较差。电视按照时间顺序播出电视节目，受众的选择性较差。

（五）网络媒介

互联网的形成标志着人类社会迈向网络时代，深刻地影响了人类的社会生活与价值观念。最初的网络媒介主要表现为电脑，随着技术的发展与媒介融合态势突飞猛进地发展，网络媒介的外延已被极大拓展，涵盖了手机、数字电视、平板、数字摄影机等一切基于网络技术相互连接的终端设备。

网络媒介与其他媒介相比，具有很强的优势。它主要有以下几个特点。

①网络媒介是多媒体的传播媒介。这一方面体现在网络媒介整合了文字、图像、声音等多种手段进行传播，是多媒体传播；另一方面体现在网络是集书籍、报纸、广播、电视等以往传播媒介于一体的综合性媒介体系，是既能承载大众传播，又能承载组织传播、人际传播的全新传播平台。

②时效性较强。可以及时发布、更新信息，传受双方的信息交流方便快捷。

③保存性较强。能够容纳海量信息，便于储存，反复阅读、观看与收听。

④选择性较强。受众可以根据自身需要，自由选择时间与地点，搜索、浏览甚至定制所需内容。

⑤交互性强。相对于人际传播"点对点"、大众传播"点对面"的传播，网络媒介是交互式的传播。

中国传统文化的传播，在新媒体时代，正与各种各样新的方式相结合，凸显文创理念，形成文创新业态。短视频将与现代人越来越远的传统技艺以生动的影像重新带入人们的视野。网络游戏公司将传统文化民俗、古代生活场景，以严谨算法和精细建模，润物无声地编织进电子游戏之中，熏陶着青年一代。以网络媒介传播中国传统文化正成为一种趋势。

1. 让传统文化进入网络时代

2018年，传统文化短视频的流行是一个惊人的新媒体事件。从一个国宝级文物的短视频平台开始，京剧、国画、敦煌艺术、诗歌、舞蹈、皮影、武术、传统工艺等传统文化的转变用户生成内容，融合在互联网时代的日常交流中，引发了传统、现代、后现代的碰撞，创造了传播的独特创新。

传统文化在短视频平台的流行，来源于其自身的魅力，但是也与短视频平台的运营密不可分。2018年，某运营团队推出了一系列与传统文化相关的在线活动，指引和鼓励该平台上传统文化相关内容的传播。10个话题的浏览量超过1亿次，涉及戏曲、国画、皮影戏、民乐、诗歌等传统文化门类。

除了在线活动之外，该平台还积累了大量传统文化视频创作者，为日常文化交流提供持续的高质量内容。作者主要从事书画、手工艺、戏曲、武术、民乐等领域。

这些传统文化的流行领域可以概括为四个词：唱、念、做、打。

唱是指以音乐为载体的传统艺术，如戏曲、古风音乐、民乐。戏曲在平台的传播中，展现出两个新的特点。首先是戏曲脸谱的特效化。脸谱是我国戏曲文化的重要组成部分，是高度抽象化的艺术符号。为了方便普通用户实现戏曲装扮，平台设计了脸谱特效，包括川剧的变脸特技，以及京剧生、旦、净、末、丑各个行当的脸谱。其中京剧武旦的特效人气最高，使用次数超过了1500万次；其次是戏腔的流行化。戏腔逐渐成为一种音乐元素风靡短视频平台。这既表现为传统戏曲音乐使用人数的猛增，又表现为热门流行乐的戏腔化。《琵琶行》中的戏腔片段"大弦嘈嘈如急雨，小弦切切如私语"，在短视频中配上形象的舞蹈动作，吸引了百万人的模仿，其中不乏外国友人。

念是指念白方式的表演，如诗词吟诵、皮影剧。以诗歌为例，传统的诗歌教学方法使一些学生逐渐失去了对诗词歌赋的兴趣。在短视频平台上，名师们降低了理解诗歌的难度，通过让诗歌通俗幽默，让它们变得更加有趣，受到了平台用户的热烈欢迎。

做现可引申为手工制作，画作和书法创作。对于一些工艺更加复杂，被选为国家级非物质文化遗产的手工艺品已难以进入公众的日常生活。其中一些被视为高端艺术品，远离公众的日常生活，而另一些基于地域和民族特点，很少向公众展示。短视频时代的手工艺传播展现出更多的个性化。许多非传承人开设了平台账户，成为平台非物质文化遗产艺术的"代言人"，积极推广和个性化解读艺术。对于一些复杂的工艺品，尤其是被选为国家非物质文化遗产的工艺品，如中国丝绸和纸，生产周期长，工艺复杂，现场展示困难。在短视频平台的帮助下，这些技巧被改编成音乐，以实现简洁生动的演示。用户不但可以了解手工工艺，而且可以了解更多的小众艺术。

打一般指舞蹈化的形体动作，包括传统舞蹈和舞蹈化的武术动作。武术是平台上播放量最高的传统文化门类之一。数位身怀绝技的武术师父纷纷入驻平台。平台上聚集着大批传统武术和武侠剧的爱好者，为传统武术的传承和传播提供了良好的生态环境，名门正派的展示和讲解，也为他们打开了正确欣赏、学习武术的窗户。

由此可见，传统文化也可以是大众文化。传统文化的业余和专业制作人都可以通过短视频传播链形成合作生产关系，最终形成雅俗共赏的视觉文化地图，传播中国传统文化。

2. 国风古韵背后的技术攻关

将中国传统文化、美学以及价值观融汇于现代语境，并不是一件容易的事。其中既需要透彻了解中国传统文化，也需要充分掌握当代社会传播规律与媒介技术。例如，某武侠类题材电子游戏展现出的是栩栩如生的北宋年间市井生活场面，但其背后却是技术团队为了创造性地展现古风古韵，而完成的一次次技术攻关。

该游戏讲述了北宋末年一段惨烈的大追捕，并牵扯出江湖恩怨、朝堂纷争、帮派仇杀、感情纠葛、市井百态等北宋背景下的江湖传奇。

为了还原真实的北宋市井，制作团队充分学习了中国古代历史文化。在宋代，"凡有井水饮处，皆能歌柳词"，柳永的词在北宋流行一时，而且常常经过谱曲，被人们作为歌词进行传唱。因而，游戏制作团队不但根据当今学者的研究，复原了柳永各词的曲调，而且经考据，为其搭配了曼妙的舞蹈。

除此之外，游戏中大小人物的服饰也经过精心制作。游戏美术组研究了汴绣、杭绣、蜀绣、京绣、双面绣等中国古代名绣的原理和展现方式，将每种布料的质感特点一一列出。在制作中，游戏利用多项高科技，把布料细节做到了极致。比如丝绸材质，就利用GGX Anisotropic进行渲染，相比一般渲染方式有更丰富的高光形状。利用材质detail maps，增加近距离材质细节表现。再配合hdr和bloom，表现出生动的发光效果，真实感极强。

而这些布料"缝制"出的衣服，也绝不是只能静看、不能运动的呆板图像。游戏中柔布效果同样十分出色，已然达到了CG级别。得益于先进的

Havok Cloth技术，衣料实现了动态实时模拟物理效果，每一块布料综合重力、肢体运动、风力等因素，随着玩家的操作，更加真实地展现相应的效果，进而达到完全拟真的效果。柔布技术的另一大好处便是"不穿模"。玩家在操纵角色坐下的时候，柔布与地面、石凳等物理刚体进行碰撞检测，就会自然而然地摊开而不会出现布料图案穿透到了地面、石凳图案里面的"穿帮"的情况。而这个柔布与刚体连续碰撞检测技术，更能解决高速运动时穿模的"国际难题"，玩家在骑马、舞蹈时也同样能做到不穿模。

这部中国风电子游戏的制作，不但是制作团队学习中国传统文化的过程，而且是将这一方式用先进的媒介与技术重新展现、再次传播、赋予生命的过程。当代人、年轻人可能很少有机会亲眼看到高水平的中国古典舞演出、亲手摸到不同丝绸刺绣的服装，但是经过游戏潜移默化的熏陶，这些中国古代文艺的美却已然如种子一样种进了他们的心田。

第六章　新媒体时代中国传统文化传播体系的构建

第一节　打造"政府—媒介—公众"交互性传播主体

新媒体的出现打破了精英传播权的垄断，公众开始成为"文化使者"。成功的文化传播不但需要权威传播主体主导的内容文本的形成，而且需要专业传播主体的普及和推广，以及个体的文化意识和独立传承。因而，创建"政府—媒体—公众"的中国传统文化传播互动模式，由政府为主体的传播团队逐步转变为政府为主导、专业化媒体辅助、民众参与传播的多主体参与的传播互动式传播，增强中国传统文化传播，制作更专业、更权威的中国传统文化文本，在新媒体背景下弘扬和传播中国传统文化。

一、专业媒介与政府权威的聚合传播

中国传统文化离不开政府的大力宣传和倡导，也离不开专业媒体的普及。因而，作为中国传统文化传播的源头，政府和媒体首先应该推动，以增强和巩固中国传统文化传播的专业性和权威性。

以政府为代表的官方传播主体进行中国传统文化的传播时，一方面，可以最大限度地整合中华民族传统文化资源；另一方面，交际话语体系及其强制性和浓厚的意识形态色彩，缺乏灵活的文化交际手段如文化内涵、交际技巧和交际策略等，使其交际效果受到限制。传媒，拥有最新的传播技术和娴熟的传播技巧，是专业传播团队的中坚力量。推动专业媒体与政府权威的聚集与传播，体现权威专业性，是媒介时代中国传统文化大众化

与现代化的第一步。在专业媒体与政府权威的聚集与传播方面,一是政府强化"顶层设计",媒体大力传播中国传统文化;二是媒体主动挖掘中国传统文化资源,推动中国传统文化的创新与传播。

政府强化了"层面设计",媒体大力传播中国传统文化。"顶层设计"是系统工程的一个专业术语,是指对项目的各个层次和要素进行综合考虑,在最高层次上追溯源头,统揽全局,寻求问题的解决方案。随着外来文化的强烈入侵和大众文化的迅速兴起,主流文化正面临着边缘化的危机。

媒体主动挖掘中国传统文化资源,推动中国传统文化的创新与传播。因而,在中国传统文化的传播中,要充分发挥媒体自身的主动性,深入挖掘中国传统文化资源,传递社会正能量。在中国传统文化的大众传播中,不同的媒介从业者是中国传统文化传播主体的脊梁。积极深入基层和现场,认真收集、撰写、编辑、评论,推动中国传统文化的创新传播。

在专业媒体与政府权威的融合传播中,一是政府传播的专业性有待提高,媒体传播的权威性建设任重道远;二是创新传播观念,加强传播专业建设。大力举办全国和全球文化交流项目及文化交流活动,推动中国传统文化在世界各地的交流和传播,同时借助重大纪念活动,达到文化交流的目的。在加强媒体传播权威建设方面,一是坚持客观性原则,努力还原事件真相,通过真实可靠的报道创建媒体的组织权威,为后续传播活动积累话语权威;二是加强新闻职业化建设。媒体传播主体的权威性体现在其专业性上。只有强大的专业新闻报道才能赢得行业和群众的权威地位。以客观真实的报道、严肃的态度和高雅的文化品位,向受众传递高质量的文化产品,为媒体传播的权威奠定专业基础。

新媒体时代中国传统文化的传播不但是政府的责任,而且是社会媒体的责任之一。专业媒体与政府权威的充分合作是构建中国传统文化传播主体的关键。政府"顶层设计"中国传统文化传播规划、媒体合作与传播,共同推动中国传统文化和社会主流文化的传播。

二、公众个体汇聚的全民传播

中国传统文化想要影响更多的人，融入民众的生活、行为、道德和情感，需要民众自身形成中国传统文化价值认同和舆论场对中国传统文化的接纳、建构和传播。

不同的社会阶层，不同的专业学科，不同领域的专家学者，在这里交流观点，分享多元文化。在这个虚拟空间里，广大网友对中国传统文化相关内容等展开了激烈的讨论。

在推动中国传统文化传播的同时，优秀的中国传统文化作品是触发个体公众广泛传播的绝佳契机，也是民族话题的"引爆点"。然而，如果公众缺乏文化意识，缺乏媒介素养，就无法区分文化的缺点和信息的真实性，公众个体的传播能力就会不足，中国传统文化的传承将难以维系。

第一，加强中国传统文化的基础教育，提高公众的文化意识。文化自觉是指生活在某种文化中的人们对自己的文化具有自我认识，了解其起源、形成过程、特点和发展趋势，并获得适应新环境的文化选择的独立地位。对于个体来说，他们具有自我反省和自我批评的能力。文化自觉的培养基础是传播主体的文化自觉。中国传统文化意识和认同来自中国传统文化教育。优化中华传统文化普及教育，丰富中华传统文化内涵，创新教育手段，实行不同对象、不同教育机制，创建集学校、社会、家庭于一体的素质教育体系。在具体的实践中，中国传统文化教育应该从课堂教材中解放出来，以报道、故事或演绎的方式展现新鲜而具体的中国传统文化，使中国传统文化吸引人们的注意。以更生动的形象理解和再传播，实现对中国传统文化的教育和传承。

第二，开展新媒体素养教育，提高公众的文化传播力。在新媒体时代，每个个体在传播领域都具有传播与接受的双重身份。在从接受者到传播者的转变过程中，要求公共个体具有一定的文化内涵和媒介素养，进而更准确地辨别信息的真实性，进行文化加工、创作和再传播。因而，中国传统文化的教育和媒介素养的培养在中国传统文化的民族传播过程中是非常关键的。为民族传播奠定文化技能基础，更好地发挥全体公众的文化传播力量，实现中国传统文化的可持续发展、创新和传承。

三、交互型传播主体的互动机制

随着以网络媒体为代表的新媒体的出现和多种传播主体的参与，信息传播模式变得网络化、立体化。原有的主体与客体的交往关系开始转变为主体与主体的关系，即"主体—媒介—主体"的交往方式。

在新媒体时代，各种新媒体的出现打破了过去以政府和媒体为主的中国传统文化传播活动，文化信息传播开始出现多样化的传播主体。它们是彼此的主体和客体，有效地推动了中国传统文化之间的相互交流和影响。

在传播实践活动中，不同议题的倡议者为获取媒体专业人员、公众和政策制定精英的关注而不断展开竞争，即新闻传播活动的议程设置过程。议程设置过程的三个组成部分：媒体议程、公共议程和政策议程相互作用、相互影响。新媒体时代的中国传统文化传播过程中，话题制定者可以是专业媒体、公共政策制定者——政府或公众。在一个又一个中国传统文化话题的背景下，他们互为主体，相互作用，推动中国传统文化的发展和传播。

在新媒体语境下，"中国传统文化传播"这一话题的设定者和传播者得到了拓展。在"政府—媒介—公众"的互动传播主体网络中，政府可以通过相应的文化保护与传承政策影响媒体议程和公众议程。它们可以转换角色，发挥主客体作用，影响和作用于其他两个传播主体，通过主体之间的互动推动中国传统文化的创新传播。

第二节　融合新媒体与传统媒体，拓宽传播渠道

文化的传播离不开承载文化内容的各种传播渠道——报纸、广播、电视等大众传媒。人类在所有传播活动中使用的媒体主要分为两类，一类是人类的；另一类是技术性的。在本节中，中国传统文化传播渠道主要指

后者，即"技术"传播媒介。随着通信技术的发展，无论是报纸、电视和广播等传统媒体还是新闻网站、门户网站、手机和数字电视等新媒体，人们的生活都通过知识和信息的传播被构建成一个基于媒体的存在的社会现实。不同的个人、传播组织或国家主体都希望通过各种媒体传播自己支持的文化。比如，中国传统文化在传播和传承的过程中，汇聚不同传播渠道、传播符号、传播方式的力量，推动社会主义主流文化继续发扬光大。

一、国家主流媒体和地方媒体联动

在媒体迅速发展的传媒社会中，国家主流媒体不但肩负着新闻大使的重任，而且肩负着文化传播大使的重任，在新闻信息的选择与审核的编辑过程中，融合了中国特色社会主义的文化内涵和价值取向。与地方媒体相比，国家主流媒体的传播优势体现在传播力上，包括国际国内受众覆盖面广，人员、资金、技术和政策优势强；劣势体现在基于地理、人文等因素，缺乏主流媒体所展现的地域亲和力和地方特色。中国传统文化明显的地域性特征和传承的必要性，需要国家主流媒体和地方媒体的力量，这不但可以推动中国传统文化向全国和世界传播，而且可以提高中国传统文化在基层的号召力和影响力。

从媒体的角度发展，多层次的互动和合作国家主流媒体和当地媒体之间的沟通可以推动传媒业的发展。在中国传统文化传播中，国家主流媒体与地方媒体的联动合作，可以构建自上而下、自下而上的中国传统文化垂直传播网络。它不但是对外宣传与内部宣传相结合，而且是构建中国传统文化多层次传播的新方式。

（一）串联地方媒体，共享中国传统文化资源

在中国传统文化传播的整体媒介形势下，国家主流媒体首先要强化意识形态上的主导意识，强化舆论和文化"领袖"的作用。

国家主流媒体应积极与地方媒体对接，通过共享中国传统文化资源，共同推动中国传统文化的传播。在中国传统文化的传播实践中，报纸、广播电视等全国性主流媒体与省、市、县等多层次地方媒体一起，实现中国

传统文化资源的最大化利用和传播。新媒体时代，全国性主流网站成为中国国内外传播的窗口，应主动连接地方网络媒体进行文化信息传播活动，经过联系与合作，提高中国网络传播的广度和深度。

（二）增强层级交流互动

构建中国传统文化多层次互动交流的新方式。同时，整合这些中国传统文化资源，创作出优秀的中国传统文化作品。比如，电视成为传播中国传统文化的主要媒介，通过中国传统文化的专题节目、中国传统文化戏剧的播出、中国传统文化的传播，以灵活生动的内容和方式实现中国传统文化的大众化传播。中国传统文化纪录片的创作与播出；网络通过链接、超链接等方式，借助大型节庆策划主题，分享和传播文化信息。我们应该加强国家主流媒体与地方媒体的互动与合作，通过中国传统文化资源的共享与整合，创作出优秀的中国传统文化作品。

在国家主流媒体与地方媒体的联动合作中，有三个关键点：一是国家主流媒体的主动意识和传播"领导者"的作用，这是国家主流媒体（无论是传统媒体还是新媒体）应该增强的责任感；二是双方的长期合作机制。只有创建长期的合作机制，才能实现中国传统文化传播的常态化和大众化；三是中国主流媒体与地方媒体共同构建、共同传播中国传统文化，跳出同声传译、交流等基本传播模式，实现内容与渠道的联动与合作，推出优秀的中国传统文化内容文本。

二、新媒体与传统媒体的融合传播

传统媒体仍然是公众获取信息的可靠来源，拥有结构化、分层的专业"把关人"的专业代码和操作流程。在中国传统文化传播的实践中，应该创建传统媒体与新媒体相结合的传播机制，发挥传统媒体与新媒体的传播优势，弘扬中国传统文化精神。

（一）发挥传统主流媒体的传播优势

传统的主流媒体基于其传播过程有严格的信息把关，传播内容有翔实的调查论证，传播更具有公信力和权威性，其影响范围和影响力具有一定的优势。因而，传统主流媒体在中国传统文化的传播中肩负着新媒体所不能替代的重要任务，中国传统文化的传播仍需借助传统主流媒体，扩大其在社会上的影响力，提升传播效应。

（二）创新新媒体与传统媒体的交互，提高中国传统文化传播力

随着媒介融合的发展，传统媒体与新媒体的互动交流也在不断推进。然而，在中国传统文化与传统媒体互动传播的过程中，新媒体与传统媒体的互动传播大多停留在文字信息的简单复制与上传。创新新媒体与传统媒体的互动交流。一是加强各新媒体平台之间的"互联互通"，创新新媒体之间的互动交流；二是创新传统媒体与新媒体的互动传播，改善中国传统文化传播的逆向流动——从新媒体到传统媒体。

（三）推动传统媒体与新媒体的融合，提升中国传统文化传播的影响力

在中国传统文化传播过程中，传统媒体要充分利用新媒体技术，推动自身的改革和发展，除弊兴利，发挥自身优势，推动中国传统文化的有效传播。传统媒体与新媒体的整合应从媒体整合内涵的三个方面进行：作为工具的物质整合、作为业务的运营整合（传播业务与运营业务）和作为意识的理念整合。中国传统文化传播中传统媒体与新媒体理念的融合就是在传播中充分利用互联网思维，跳出僵化的传统媒体传播的框架，及时把握和利用新媒体传播思维和传播规律，通过传统媒体和新媒体传播渠道及传播平台的"互联互通"，中国传统文化资源的共享，汇聚传统媒体和新媒体传播者的集体智慧，挖掘中国传统文化资源及其丰富的民族传统，及时捕捉社会亮点，合力传播社会正能量，构建中国传统文化传播有效体系，推动中国传统文化传播。运营层面的整合主要有两个方面：一是传播内容的整合与创新。中国传统文化传播可加强相关网站的建设，在网站上不但传播传统媒体发布的兼具思想性、可读性、指引性的内容和信息，而且要创作一些富有原创性的、灵活多样的中国传统文化资源，整合新媒体与传统媒体融合传播之力，提升中国传统文化传播的影响力；二是新媒体与传统媒体运营的融合也对传播主体的综合素质提出了新的要求，即新媒体时代的媒体从业者除了需要掌握传统的采集、写作、编辑和评论之外，还需要掌握一定的新媒体技术、网络应用等专业技能，才能适应新媒体与传统媒体融合的需要。

第三节　综合多元符号要素，建构立体传播形态

多媒体、超文本等功能兼容文本、图像、音频、视频等多种通信符号。在新媒体时代，这些交流符号灵活结合当前文化的魅力，以文字的深度讲述故事，声音感染人，图像的张力、冲击力吸引观众的注意力，直观、生动和形象的视频吸引观众。因而，为实现大众传播与中国传统文化国际传播的可持续发展与传播工作，传播主体需要整合多种传播符号，优化传播方式，着力打造"形态多样、手段先进、具有竞争力"的新媒体传播平台。通过传播力、公信力、影响力的融合，进而开创中国传统文化立体传播的新局面。

一、器物文化与精神文化的融合

物质文化和精神文化是文化的重要组成部分。精神文化是物质文化的升华。中国传统文化在方式上有一定的物质载体，在内容上有独特的精神内涵。器物文化主要包括中国传统文化的各种物质资源，如各种遗迹遗址遗物、纪念馆等，这些物质资源蕴含丰富的精神内涵；精神文化即中国传统文化精神，如诚实守信精神。

在人类文化交流的实践中，早期文明的传承和延续大多是通过各种工具进行的。如农业文明时期，中华文明的对外交流主要借助于瓷器、丝绸等器物资源进行。在中国传统文化传播的实践中，应进行文物资源与中国传统文化精神的整合。一是利用现有的物质资源；二是开发和创新中国传统文化的主题产品，实现中国传统文化传播中物质文明和精神文化的延续和创新。

（一）整合物质资源，发展相关旅游

中国传统文化旅游资源是中国传统文化和中国传统文化精神的重要物质

载体。通过对历史文物的参观，对重大历史事件和历史人物事迹的了解，人们更容易产生民族认同感，进而产生情感共鸣和升华，即自我认同。

整合全国现有的中国传统文化物质资源，发展旅游业。首先，要加大对经典景点的宣传推广。地方政府应研究分析地方景区的现有优势，将地方自然生态文化、人文文化等多重地方人文内涵与地域特色相结合，立足地方，创建区域信誉，然后走向全国乃至世界；其次，加强对景区的保护和监管。将景区的监督与保护纳入景区的建设与规划中，提出维护历史文化遗产和历史环境的真实性、完整性，保护、修复和完善现有历史遗迹的基础设施；加强对旅游市场的监管力度，净化环境，整顿旅行社和导游业务，实现景区安全、质量、秩序、效益的高度协调。

（二）创新思维，开发相关旅游产品

创新思维是指要求开发商开发与中国传统文化相关的旅游产品，将中国传统文化和精神与当地文化、当地地域特色和景区自然生态相结合。要把中国传统文化和精神融入旅游、娱乐、购物、饮食、居住、交通等领域，开发更多创意独特、美感细腻、人文精神丰富的产品，实现中国传统文化可持续发展。中国传统文化旅游产品是随着相关旅游的发展而发展起来的，它不同于一般旅游产品的观赏性特征，是中国传统文化和中国传统文化精神的寄托者，本身蕴含丰富的人文精神，它肩负的纪念意义、教育意义非同一般，对人们精神上的激励和升华是中国传统文化旅游产品不可或缺的功能。产品开发者可将中国传统文化相关内容印在茶杯、水壶或者雨伞等生活必需品上，利用文化符号等与器物的结合，进行中国传统文化的多元传播。在产品的开发和推广中，要跳出景区有限而简单的纪念性产品框架，创新思维，充分利用各种红色文化符号，融合中国传统文化精神，发展中国传统文化产业链，打造中国传统文化的主品牌，实现中国传统文化可持续传播与发展。

在中国传统文化的传播中，旅游的开发和中国传统文化主题产品的研发是工具文化与精神文化融合传播的两个平台和渠道：依托旅游和中国传统文化主题产品，通过乐器文化与中国传统文化精神的融合传播，深度拓展乐器文明。

中国传统文化旅游应注重后期的维护和修复，实现旅游业和中国传统文化可持续发展。中国传统文化主题产品的研发，是经济价值与文化价值的结合，也是实现中国传统文化可持续发展的途径之一。

二、世界文化与民族文化的交互

中国传统文化是我们民族的血脉，是人民的精神家园。中国传统文化中的世界观、人生观、价值观都有着深刻的民族烙印。在与世界多元文化的互动和融合中，中国传统文化的现代化和国际化，是向世界弘扬博大精深的中国传统文化和民族文化，传播社会主义核心价值体系，传播中国的发展最新声音的重要途径。

首先，面对其他国家、民族的文化，我们必须批判地学习，不能盲目地照搬照抄，机械地运用。

其次，吸收世界优秀元素，与世界多元文化融合发展。浩瀚无边的全人类文明史中，民族文化与世界多元文化交互，我们要以积极的态度、开放包容的心态、理性的思维和辩证的眼光对待外来文化，借鉴世界多元文化主义的优秀成果，吸收不同文化的精华，创造性地"为自己所用"。

最后，增加民族文化产品的出口，提高中国民族文化的国际影响力和竞争力。每个民族的民族文化既是全球性的，也是民族性的。在中国传统文化的内容创新中，要充分考虑文化的民族性和世界性，以民族文化开辟道路，吸收世界优秀文化，传播社会主义主流价值观。增加中国文化产品出口，一是确定出口渠道和传播平台；二是推动文化产品输出中国优秀文化作品。在影视作品创作中，拓展内涵，丰富内容，创新表现方式，以多元化、立体化的方式展示和传播中国传统文化的魅力和当代中国人的精神面貌和生活状态。书籍基于其思想的深度和讨论的严谨，对人们的思想和认识有很大的影响。文化商业化产出主要有两种类型：一是动漫、影视、图书等文化实体的产出；二是文化载体——器乐文化的研发与输出。在当前视觉化与视觉传播的大背景下，影视动画作品已然成为文化贸易的主体，而中国的影视动画作品仍有很长的路要走。中国的制造业正在逐步走向世界，将中国的传统文明、现代文明等民族元素融入产品设计、商标形象等方面，借助商品出口进行文化交流。

在中国传统文化的内容创新上，通过世界文化与民族文化的互动，以民族文化的普遍性、民族性和世界文化的多样性拓展中国传统文化的内涵，不断为中国传统文化注入新鲜血液，在世界文化发展的浪潮中推动中国传统文化的创新与传承。

三、经典文化与大众文化的兼容

经典之所以是经典，是因为其是经过时间、生活现实和群众检验的优秀作品。作品的方式不仅包括文学经典，而且包括影视、图像等其他文化载体和表现方式，经典的内涵和外延也随着时代的发展而不断扩大。大众文化依靠多元化的包装、简单直白的内容文本，通过通俗的传播渠道进行传播。它很容易受到公众的追捧。因而，在中国传统文化内容文本的创作中，通过古典文化与大众文化的兼容，保持中国传统文化与中国传统文化的精神核心，创新传播方式，借鉴古典文化崇高的精神内涵和大众文化的广泛基础，传承经典，推动中国传统文化在新媒体语境下的创新与传承。

大众文化根植于普通人的生活现实，是对绝大多数人文化需求的回应。在中国传统文化传播时，首先要坚持中国传统文化的主导地位，发展以古典文化为指导的大众文化。无论是经典文化作品的改编还是原创作品的制作，都应该尊重历史，遵循公共理性和人民群众；真正的公众文化需求创造的艺术作品，都是意识形态和艺术，能给观众以文化享受，传播社会正能量。

其次，古典文化要积极吸收大众文化中的优秀元素，实现内容创新、手段创新、观念创新的"三创一体"。在世界文化多元化发展的格局中，大众文化的推动作用不容忽视。大众文化以其大众化、生活化、娱乐性、个性化、时尚性等特点受到大众的广泛喜爱。古典文化通过大众文化中鲜活的生活气息、贴近受众的人文关怀等温暖元素来吸引、教育和指引受众。

最后，要把握文化传播规律，通过古典文化与大众文化的兼容、平衡展现，推动中国传统文化的大众化、生活化和正常的发展与传播。新媒体语境下的中国传统文化传播需要加强古典文化与大众文化的沟通与互动。古典文化应主动融入大众文化，以较高的人文价值和丰富的精神内涵提升大众文化，进而提高大众的文化素养。

在新媒体时代，文化竞争异常激烈。在这场没有硝烟的战争中，控制技术机会固然重要，但关键是掌握文化传播、社会传播和大众接受心理的规律。新媒体时代的中国传统文化应树立多元文化的传播情境意识，吸收不同文化理想的人文内涵和价值，物质文化和精神文化相融合，通过内容创新和方式创新继承中国传统文化的精神，推动中国传统文化在新媒体时代的发展和传播。

第七章　新媒体时代中国传统文化的传播策略

第一节　新媒体时代中国传统文化传播的方向

一、建设中国传统文化电子数据库是文化传播的新载体

在新媒体时代，中国传统文化的传承要紧跟时代的发展，依靠新媒体进行传播、普及和推广。在新媒体时代，中国传统文化向数字存储的转型是一场革命性的变革。国家图书馆启动的"中国基础古籍库"项目，旨在将纸媒存储转变为数字存储，创建数字数据库。这可以说是一个开创性的项目。中国传统文化数字化建设项目分为20大类，细分100个子记录，涵盖哲学、社会科学、历史、地理、艺术文化等学科。各朝代经典典籍10 000余篇被电子扫描，实现了从纸媒存储到电子数据存储的转变。中国传统文化数字化工程是实现中国传统文化资源在线运营和传播的系统工程。收藏模式体现了其核心理念。终端是创建一定数量的大规模、分布广泛的数字文化信息资源电子数据库，能够实现跨库检索。中国传统文化数字化工程的建设涵盖了中国传统文化的各个方面，用数字技术再现中国五千年的灿烂文化和当代文化建设的伟大成就。数字数据库是中国传统文化网络传播的重要媒介和平台。

二、通俗化传播成为中国传统文化传播的新手段

新媒体受众的阅读特点和接受习惯要求传统文化的传播方式发生转变。大众传播成为传统文化传播的新手段。电视和网络媒体以学者真人秀

的方式播出，通过学者幽默有趣的讲解，使晦涩的古籍变得通俗易懂、生动有趣。或者以电视和网络为平台，以诗歌典故比赛的方式，将古代的历史事件和人物演变成故事。通过互联网或电视，将原本搁置的历史和传统文化惠及大众，让人们在竞争和讲故事的刺激下了解历史。此外，传统的小学读物以动画的方式展现了浩瀚的古代励志典故和真情故事，进而实现了小学教育的现代化。

第二节　新媒体时代中国传统文化的传播方式

一、利用新媒体技术丰富中国传统文化教学课堂的教学方法

在新媒体环境下，学校要充分发挥新媒体在教学中的优势，丰富教学方法，提高教学的实效性。所采用的教育方法既要注重教师对学生的指引作用，又要注重教师与学生之间的双向互动，保证学生在教育过程中的自主性，推动学生的全面发展。作为学校教育重要内容之一的中国传统文化，需要利用新媒体技术丰富课堂教学方法，提高中国传统文化的教学效果。

（一）努力提高中国传统文化课堂的吸引力和感染力

教师应该充分利用多媒体教学系统，实现文字、声音、图像、动画视频等元素的合理搭配，制作出内容丰富、吸引力强的多媒体教学课件。随着手机的高度普及，学校还可以探索利用互动平台进行中国传统文化教学，实现课前师生交流、课前学生预览、课堂教学内容传递和学习信息反馈、课后教学指导和问答，使师生之间的交流不受环境的限制，更加直接及时。此外，与传统教学相比，移动课堂教学更能体现平等，学生的主动性更为突出。

（二）利用新媒体增强中国传统文化的课下辐射力和影响力

新媒体的技术特点有利于发挥教师的主动性和教师与学生之间的互动性，可以增强教育效果，并能扩展其教育影响力，而且信息传播速度更快，微信、微博等的传播方式更能迎合学生的需求。可以经过移动终端、

新媒体中心等新媒体平台将中国传统文化的相关内容及时传递给学生，正确指引学生。学校还可以充分利用校园广播、网络点播、手机报、课程讨论区等方式提升中国传统文化在课后的辐射力和影响力，实现对学生全天候、超时空、全方位的教育，使每一位通过电脑、手机等新媒体终端接入网络的学生都可以随时随地获取中国传统文化的教学内容，增强中国传统文化教学的实效性。

（三）开设中国传统文化"移动课堂"

新媒体以其形象、迅捷、生动、容量大等优势，给中国传统文化教学注入了新的活力。为提高学生中国传统文化教育的效果，可以采用"移动课堂"激发学生参与学习的积极性和主动性。这种教学新理念是集养成教育与学成教育于一体的中国传统文化教学模式。新媒体技术将实体的教学内容转换为图、文、声音并茂的网页或微信、微博内容，学生可以利用移动终端随时随地学习，改变学生在课堂学习中主体性缺失的问题。"移动课堂"在建设的过程中，基于留有师生、生生在线实时或非实时的交流空间，有效拓展了教师与学生、学生与学生之间互动学习的空间，给予学生以高度的自主性和自由感，有效地提高中国传统文化的教学效果。

二、加强中国传统文化相关传播平台的建设

在中国传统文化传播中，为了影响更多人，需要综合运用多种符号元素，构建中国传统文化的立体传播体系。在新媒体环境下，这个传播系统应该主要包括网站、论坛、博客、微博、微信等新媒体。基于新媒体具备兼容性、共享性、多媒体、超文本等特点，兼容文本、图像、音频、视频等多种传播符号，这些传播符号可以灵活组合，展现出文化魅力，故事的细节有文字的深度，声音感染人，图像的张力和冲击力可以吸引观众的注意力，直观、生动的视频可以捕捉观众。

（一）建设中国传统文化主题网站

网络是文化传播和文化竞争的重要领域之一。在新媒体语境下，开展中国传统文化的网络传播，网站是重点传播阵地。为推动中国传统文化传

播，应该在相关网络课程的基础上，充分利用新媒体传播的特点与优势，建设中国传统文化网站，完善中国传统文化新媒体宣传的技术模式、软件模式，积极探索新媒体语境下中国传统文化大众化发展的新方式、新途径，构建全方位的中国传统文化网络宣传阵地，唱响主旋律，充分发挥新媒体传播的优势，增强中国传统文化的针对性和实效性，全面推进中国传统文化融入新媒体。

中国传统文化网站的建设和维护要注意以下四个维度。

1. 要注重网站内容的丰富性，加强其吸引力、感染力

在网站内容的设置上，要符合受众群体的需求，与受众的生活、学习密切相关。为此要加强主题网站的设计，注重在设计内容和设计风格上的创新，复合多元传播符号的传播优势，既要注重民族文化、特色资源的研究和介绍，又要及时跟进当前经济社会发展的热点和焦点问题，策划大型中国传统文化话题，丰富中国传统文化传播的内容，提高中国传统文化网站内容的丰富性、趣味性、可读性和及时性。主题内容既体现强烈的意识形态倾向，又能充分利用新媒体教育功能的内涵性，将教育目标寓于主题之中，在潜移默化中对受众产生正面的、积极的影响。

2. 利用新媒体技术，不断提升网站的服务功能

可以增加社会经济的发展最新动态、人才需求等服务内容，既便于受众浏览和使用，又能满足受众多样性的需求。

3. 积极探索具有中国传统文化特色的"网络语言"

语言是重要的理论传播载体之一。探索使用具有中国传统文化特色的"网络语言"，要通过优化中国传统文化网站上所传播信息的话语内容、话语模式，从拓宽话语获得领域和转换话语路径等方面，加强中国传统文化网站上各类信息和内容的话语阐明方式的多样性和创新性，以受众群体喜闻乐见的语言阐明方式，如微视频、图片、漫画等与其进行沟通、交流，拉近与他们的距离，给他们以亲切感，进而提升中国传统文化传播的效果。

4. 打造思想过硬、技术扎实的中国传统文化网站建设和维护队伍

中国传统文化专业网站的建设和管理，需要一批既懂中国传统文化又

懂网络技术和操作；既有崇高的政治使命感又能掌握和领会网络文化传播特点的队伍，为网站内容的及时更新和维护提供组织保证。

（二）创建中国传统文化数字展馆

馆藏资源和实物资源的数字化展示和传播是信息时代背景下文物管理与利用的新模式。它以数字化的方式存储、管理自然遗产和文化遗产的各个方面的信息，并经过计算机互联网为用户提供数字显示、教育、研究等服务。中国传统文化内容中包含大量独特的地域文化或民族文化遗产，为教育提供了丰富的载体并营造了良好的文化氛围。这种由历史积淀下来的优秀物质文化和精神文化，对人们的思想和行为起着基础规范的作用，也潜移默化地渗入人们生活的方方面面。基于文物和文化遗产保存时限及民族文化资源的地域性、传播的有限性，应该将地域文化中的物质资源转换成一个个数字化的传播符号，推动中国传统文化的传播。

（三）打造中国传统文化信息传递的移动平台

移动信息技术的迅速变化和发展，使信息的传播和交流不再受时间和地域的限制，为传播中国传统文化开辟了除互联网之外的又一重要信息平台。以移动媒体为代表的移动新媒体平台也已成为传播的主流。随着移动技术和信息技术的发展，手机上的媒体功能越来越强大，并逐渐成为中国传统文化传播的重要阵地。一方面，手机已然成为人们学习、生活的一个重要组成部分，可以说，利用移动通信技术搭建中国传统文化的平台已然具有坚实的硬件设施和基础条件；另一方面，移动信息的技术特点有利于发挥中国传统文化传播者和受传播者的主动性与他们之间的互动性，加强中国传统文化的传播效果，并能扩展其影响力，而且速度更快，方式上更能迎合受众的需求。我们可以通过移动平台及时将中国传统文化的相关内容等传递给受众，使得受众之间的交流沟通不受环境的限制，进行得更为直接、及时。

（四）重视"微"力量的运用

新媒体时代的中国传统文化传播，充分利用网站、数字博物馆、微博、微信等新媒体平台，整合文字、声音、图像、视频等多种符号的传播优势，构建中国传统文化的立体传播局面。

文化的数字化生存已然成为一种全球趋势。由文本、声音、图像和视频等多种符号元素构成的三维传播，也是新媒体时代实现中国传统文化可持续传播和发展的重要途径。

第三节　新媒体时代中国传统文化传播的路径

一、实现中国传统文化传播从文化认同到文化自信的建构

纵观当前全球化格局，各国文化融合已成为大势所趋。中国传统文化正在接受来自东西方文化的挑战。为了使中国传统文化立于不败之地，我们需要在文化意识形态领域指引受众，通过媒介和教育的作用，构建人们对中国传统文化的文化认同和文化信心。

（一）发挥主流媒体话语权，让中国声音掷地有声

目前，电视媒体仍是其重要的传播方式之一，主流电视媒体是传统文化传播最重要的实践者。主流媒体具有传播传统文化的优势，增加主流媒体话语的使用，各类媒体在传统文化领域，弘扬民族自豪感，可以提升受众对传统文化的感知，进一步形成中华民族的文化自信，树立中国传统文化的形象力量。

（二）利用媒介的文化传承功能进行文化认同指引

大众传媒应该在传播过程中指引受众。首先，传统文化要在媒介传播过程中实现时代转型；其次，展示媒体对传统文化大众化的解读，挖掘传统文化的深刻内涵；最后，充分发挥媒体文化传承的正确导向，消除消费主义和泛娱乐的影响。

传统文化的传承还有很长的路要走。我们要加强大众传媒传播传统文化，加深人们对传统文化的文化认同和文化信心，最终实现文化自觉。

（三）开展传统文化素养教育，提升传播内容质量

目前，我国进入了以计算机网络技术为主导的移动互联网时代，在媒介环境下，不但可以让受众和媒体工作者理解传统文化信息的内涵意义，

而且可以提高广大公众的文化素养。

对于幼儿园和小学低年级学生来说，传统文化启蒙是主要的，培养他们对传统文化的亲和力和感情。小学高年级学生对传统文化的初步认知主要是让他们了解丰富多彩的中国传统文化。通过教学和课外实践，学生可以逐渐理解传统文化的含义，培养对传统文化的兴趣。

对于初中生和高中生来说，应该加强对传统文化内涵的理性理解，指引他们提高对传统文化的认识，增强对传统文化的信心，通过课堂和课外活动提高学生对传统文化的理解和兴趣。

对大学生来说，要着力提高学生对传统文化的自主学习和探索能力，培养学生对传统文化的创新意识，加强学生继承和传播传统文化的责任感。

对于媒体从业者来说，关键是要从媒体传播的源头提高对传统文化的认知，提高传播内容的质量。传统文化传媒从业者需要深入研究各类传统文化知识，通过不断提高对传统文化知识的认知来提高传播内容的质量。当前，媒介环境日趋复杂，媒介信息的传播和扩散速度加快，越来越多的传统文化不良信息出现在公众视野中。传统文化媒体从业者需要培养受众对媒体和各种信息的理性判断和思维能力，防止各种不良信息对个人和社会产生不利影响。

二、新媒体时代中国传统文化的"四通"传播路径

从传播学的视角来看，中国传统文化转变创新的传播应主要以受众为核心，综合互通现代情景、共通国际话语、融通情感体验和贯通网络思维的"四通"视角，如此才能达到互鉴与融通的效果。

（一）中国传统文化传播与互通现代情景结合

以信息技术为中心的技术革命，正在加速重塑我们的社会和世界。[①]中国传统文化若想获得网络时代人们的接受与认同，需要与现代生活情景互通，尤其需要用现代影像叙事情景讲述中国传统文化故事。在"文明交流

[①] 邵培仁，沈珺. 构建基于新世界主义的媒介尺度与传播张力 [J]. 现代传播. 2017（10）.

互鉴"的跨文化传播中，影像类作品因易于接受、观赏性强而具有很大的优势，因此，科学有效地运用画面传播是重要方式。

面对互联网的情景化的发展，用画面叙述需要与现代技术相结合，在融合中创新。创作者可以充分利用模拟或3D数字动画技术等手段，突破时空障碍，使画面结构更加生动。中国传统文化的历史情景与当下现实的生活情景差距较大，需要在画面的叙述过程中运用新的方式重构历史，以获得较好的传播效果。

（二）中国传统文化传播与共通国际话语结合

话语是中国传统文化传播的重要载体。国内有关学者认为，从话语理论的角度讲，话语是一种权力，是对社会认知与行为进行指引和规范的力量。历史经验告诉我们，谁拥有话语权，谁就拥有了主导舆论、影响大众的权力；反之则会被主导、被影响。话语来源于社会生产生活，又具有某种建构性。人类历史的本质，便是经过权力斗争生成知识，进而建构知识体系和话语体系。从这个意义上说，话语和权力是相辅相成的，权力使话语具有合法性，话语使权力具有合理性。

具体而言，主要是探索如何用西方语言风格讲述中国传统文化故事。此处的西方语言风格与西方的思维方式紧密结合，尤其是图片、纪录片的影像传播在中国传统文化的阐明和传播方面具有天然的优势，在影像传播的运用方面，具体表现为多机位、过程式、开放性、全景式的记录方式。

（三）中国传统文化传播与融通情感体验结合

传承和弘扬中国传统文化的思想精华需要在历史、脉络、走向、创造、理念等方面讲好、传播好，这就需要融通古今中西受众的个体情感，形成共鸣与共情效应。因而，需要挖掘中国传统文化中人性、人情的主题和内容，而非概念化、模式化的内容，进行展现与传播。

此外，还需要融入娱乐化元素。中国传统文化融通情感体验的传播并不排除娱乐，人们在阐述与传播的过程中通过娱乐方式可以让受众有更好的情感体验，进而提升传播的深度与广度。在影像传播中，纪录片被大众认为是较为严肃的体裁，但是历史证明，人在被优秀的纪录片中的真实所震撼的同时也会被片中的趣味深深吸引，两者相互融合、相得益彰。

（四）中国传统文化传播与贯通网络思维结合

国外有关学者认为，大数据、移动设备、社交媒体、传感器、定位系统五种原力正在改变人们成为消费者的体验。这种即将到来或已经到来的场景是网络时代人们不同于以往获取信息方式的重要转变，主要表现为移动化、社交化、智能化三个显著特征。同时，基于人物特征、内容特征和环境特征的人工智能算法分发技术已然被广泛应用到网络信息传播中。因而，中国传统文化需要贯通移动化、社交化、智能化的网络思维。

传统文化可充分利用创新AI技术手段，结合人物抠图技术、Slam和3D渲染技术让千年文物"活过来"。尤其是虚拟全景博物馆，让人们足不出户逛文物，通过视觉、听觉等众多元素深度体验中国传统文化的魅力。贯通网络思维与中国传统文化传播的巧妙结合将形成巨大的影响力和指引力。

三、新媒体时代基于受众心理的中国传统文化传播路径

当传统文化传播者充分了解受众心理之后，就需要针对这些心理制订行之有效的传播策略，谋定而后动。在新媒体时代，中国传统文化需要基于受众本位，运用多种传播方式，多管齐下，在传播过程中不断强化对传统文化的传承与塑造，指引受众积极关注与参与。

（一）从受众的选择性心理出发，以精准的文化定位为基点

从受众选择性定律中可知，受众对于信息的接触、理解、记忆和传播都是有选择性的。面对新媒体时代信息的海量性，要让受众接受传统文化信息，就必须迎合受众的选择心理，明确定位。

第一，基于文化本身进行深入分析，找出与其他文化最大的不同之处，进行文化自身的定位。某种文化若是缺乏以自身特质为基点的主题定位，用以区分其他文化与吸引受众选择，则会因为目标与结构的失衡导致文化传播与传承过程中受众接受程度不高。

第二，做好文化受众的定位。不是所有人都是传统文化的喜好者，且受众的注意力有限，"广撒网"并不能形成较好的传播效果，需要寻找并

定位到核心人群，通过对现代人消费心理与行为特征的调查与剖析，洞察出现代受众在消费传统文化过程中真正的热点与需求所在。

第三，结合文化特点，探寻出文化与受众之间独特的契合点，再让契合点成为文化传播的第一诉求，进行巧妙的内容创意，表现传统文化的魅力，进而在受众心目中占据独特的位置。定位不清和缺乏特色的传统文化难以让受众形成选择性接触，且容易从一开始就被受众抵触。

（二）满足受众的认知与需求心理，以中国传统文化内容为中心

认知是指人们获得知识或应用知识的过程，或信息加工的过程。受众认知传统文化的过程，便是充分调动感觉与知觉对传统文化的再现与重构，转变成内在的记忆、想象或心理活动的过程。需求与欲望是受众认知的出发点，而受众对传统文化的需求无疑是最好、最适合的部分。因而，传统文化的传播不但需要去粗取精，而且需要把握受众的认知需求心理，以中国传统文化内容为中心。好的内容促使受众产生了解欲望，满足其娱乐与充实自身的需求，进而主动感知记忆。国外有关学者提出，创造和讲述故事的能力已然成为21世纪企业或品牌的重要技能之一。传统文化传播与品牌传播有相似之处。讲故事已成为建构传统文化良好内容的一种传播方式，加强了传统文化的叙事意识。讲好传统文化故事需要注意两点，一是立足于传统文化本身的行动景观设置，包括人物、情节、叙事风格等；二是基于受众心理的意识景观创设，向受众传播传统文化蕴含的优秀价值观，满足受众的心理期待，建构传统文化在现代受众心目中独特而亲切的形象。

（三）切入受众的共情与移情心理，以贴近现代生活为内核

受众的人文主义共情与转移的精神情感是传统文化传播过程中不可忽视的两个方面。传统文化的传播，不能只是表象上传播一种已经逝去的文化，任何文化离开其历史语境与生存土壤就会在时空和人文内涵上与当下形成断裂与错位，而想要现代受众接受，必须切入受众的共情与移情心理，以贴合现代生活为内核，契合现代人的情感阐明方式。传统文化必须以时间为经度，以现实为纬度，从历史中剥离出最符合当下及未来的价值观、生活行为。首先，用传统文化构筑出的故事及人物使

受众产生共情，唤起人们深层次的共鸣与情感体验，满足自我认同的需要；其次，用其蕴含的价值观念及衍生出的艺术方式，使受众形成爱屋及乌的移情心理，打破受众的心理防线，满足他们寻求娱乐乐趣和追求高效生活的体验。

（四）考量受众的猎奇与表现心理，以新媒体新技术为手段

在现实生活中，大多数人对新奇、独特的内容和方式表现出一种不自觉的兴趣，这种兴趣来源于人们的好奇心。人们积极参与并在社交媒体上发布，这种行为是为了满足群体赢得青睐的需要而进行的自我展示和自我形象建构。传统文化之所以传统，不仅是因为时间长，而且是因为阐明方式过时。在传统文化的传播中，需要借助新媒体和新技术迎合观众的好奇心和表现心理。

一是在传播内容上设置议程，用独特的内容和活动激发观众的好奇心和积极探索的欲望。

二是运用新颖的技术、另类的方式等方法，创造符合传统文化气质的现代传播模式，开放观众参与的入口，减少传统文化的传播障碍。

三是迎合观众的表演心理，用传统文化创建出独特的高于生活的理想化体验，或帮助内容的自我阐明和身份建构，激发观众"曝光"内容的欲望。

四是设计新颖的互动链接，链接社交媒体，线上线下沟通，充分调动受众参与传统文化传播的积极性，形成二次沟通，扩大传播效果。比如，经过微博和微信直播，观众可以通过使用最新的人工智能和AR技术进行互动，深刻体验传统与现代的结合。

（五）调和受众的从众和求异心理，以社群互动参与为纽带

从众效应的主要原因是群体压力。通过网络中的场景和链接而形成的具有一定共性的群体称为社区。社区成员之间存在共同的目标、利益、价值，其特征是分权化、专业化、利益化和分化。通过对受众从众求异的矛盾心理的调和，认识到社区是新媒体时代传播传统文化的一种极好的方式。

四、新媒体时代中国传统文化国际传播的路径

（一）媒介路径传播中国传统文化

文化的传播离不开媒介，尤其是图书、影视、网络之类的大众媒介。在当下文化海外传播的过程中，媒介占据重要位置。在中国传统文化的传播过程中，信息载体主要以媒介为载体，而文化传播与文化交流都是以文化为内容。文学是文化沉淀和文化传承的主要内容之一，在发展的过程中承载着中华民族优秀的文化特点。从跨国界的图书博览会到影视巡展，再到在线交流的方式，都展现出文字语言翻译的重要性，将文字翻译出来，才可以推动文化传播。

影视是现代国际领域最具感官性的媒介平台。目前，网络平台已成为炙手可热的资源共享平台。在国际领域的发展中，海外出版的"四书""五经"、中国武术电影的传播，以及中外人士在线及时交流等，都是在广阔的媒介平台上进行的，极大地推动了文化传播的进展。但是容易忽视的是，基于文化背景、特点及环境的不同，同样的话语阐明的整体意思是不一样的。目前，汉语热及国际交流的不断加深，都在很大程度上推动了中国传统文化的发展与传播。

在将汉语进行翻译的过程中，要考虑到文化本身的特点。还可以尝试运用新的方式或者新的媒体进行组合，用更好的媒介组合来宣传文化，促使文化传播更具整体性，进而推动文化的交流与融合。

（二）教育路径传播中国传统文化

很多中国学者开始在世界性论坛及课题的研究上崭露头角。自唐代开始，有些国家就会派遣留学生到中国来学习。中国在清朝末年的时候，向世界各国派遣了大量的留学生学习国外的先进文化。在这段学习期间，留学生们不但潜心地学习外国优秀的文化和科技知识，而且将本国的文化介绍给其他国家的人们。

目前汉语教育在世界范围内迅速发展，原来在对外汉语教学的过程中，汉语只成为第二语言，而如今，汉语已发展成为一门独立的学科。目前，随着留学生队伍的不断壮大，文化之间的交流也逐渐增加。比如，孔

子学院的建立与国学的传播，是中国传统文化在国际传播中的有效途径之一。尤其是在国际汉语推广及文化传播的过程中，孔子学院不但将中国的传统文化传播到国外，而且将中国的伦理学、哲学、文学传播到世界各地，推动了世界文明多元化的发展。由此可见，教育中的学术交流是文化传播的重要方式之一。

可以说，只有在汉语教育中展开文化传播，二者相互融合，才可以有效地推动教育与文化传播更好地发展。随着汉语教育的发展，汉语的外延逐渐拓展，同时内涵也变得更加丰富。虽然教育的涵盖面变得更宽了，但其本质没有改变。汉语已加速走向世界，全面提高了国家的文化软实力和综合国力。

（三）活动路径传播中国传统文化

1. 以商贸活动为传播途径

中国很早就开始进行对外贸易活动，基于商业利益、政治发展的需要，进一步加深了中国与世界的联系。正是基于开通了推动政治、经济发展的贸易通道，才更好地推动了各国文化在商业活动中融合。

中国传统文化的发展，必须建立在世界范围内的文化传播的基础之上，通过商贸活动等途径发展我国传统文化，才可以提高文化软实力。现代科技的发展及便利的交通条件有效地消除了国家之间的距离阻碍，而世界贸易也从最初的跨地域与跨国别发展到后来的全球化自由市场。

2. 以艺术活动为传播途径

中国艺术文化历史从新石器时代彩陶文化的洗礼到西周青铜文化的辉煌时期，再到后来漫长的封建文化的多样化发展时期，逐渐形成了书法、雕塑、建筑、绘画、音乐等中国传统艺术文化，并推动了具有艺术规律及艺术特性的艺术体系的形成，在中国传统文化艺术的宝库中，占据重要位置，间接推动了世界文化的发展。

在人类文明的发展进程中，艺术本身是不受任何国籍及地域限制的，可以进行跨越时空的思想交流。中国的传统艺术品种类繁多，各具特色。

第八章 新媒体时代中国传统文化传播效果的优化策略

第一节 实现传统文化的创造性转化

如果说文化再发现是将传统文化打碎分裂，使其成为文化碎片，文化发明便是依照新文化的价值取向和发展规律，借鉴外来优秀文化，将这些文化碎片进行比较、采借、重组、重构和再解释，使其内部形成整体性质的变化，成为全新的文化体系。文化发明是在文化转型期实现对中国传统文化进行创造性转变的根本方式。张岱年在谈到"文化创造主义之真谛"时指出："现代中国的文化工作，至少有三个方面：一破坏，二介绍，三创造。"[1]因此，文化发明是中国传统文化在当代继承发展的根本动力，只有综合比较古今中外的所有优秀文化，采借其优秀合理部分，与中国传统文化进行系统性整合，最后在马克思主义理论话语体系中进行文化再解释，才能实现文化的发明，实现建设社会主义先进文化的宏伟目标。

一、经过文化比较拓宽中国传统文化的视野

文化比较是人类不断实现自我完善的一种方式和一种手段，是人类日渐趋于完美实现自我全面发展的一条途径。文化自身多样性和开放性的特征决定了开展文化比较是进行文化发明的必须阶段。首先，世界各个民族文化存在与发展展现差异性特征，引起了世界文化的多样性存在，文化

---

① 张岱年. 张岱年文集第1卷 [M]. 清华大学出版社，1993.

发展的多样性是人类社会的发展历史上普遍恒久的特征。国外有关专家断言，文化多样性可能是人类这一物种继续生存下去的关键。因而，只有将本民族的优秀文化置身于多样性的世界文化氛围中进行比较，才能择优除劣；其次，开放是文化的发展过程中展现的必然规律，只有开放才能比较，才能采借吸收各国优秀民族文化和先进文明成果，才能实现世界各民族文化的共同繁荣与共同进步。文化比较本身便是文化创建的一个过程，在比较的过程中，人的文化自觉地激发对不同文化特点、形态的思考与分析，对自身文化不足的反思及新的建构都是文化创建的过程。国内有关学者指出，比较本身即是一种整体性创造。它是比较双方进行对话开展互释互动的过程。语言之间的比较，促成各语言充实受益。因而，文化比较承载着指引社会变革、推动文化进化的使命。通过文化比较，我们可以发现文化发展的规律，开辟新的文化方向，为文化建设提供理论依据。我们不仅要了解中国的历史文化，而且要了解世界不同民族的历史文化，去其糟粕，取其精华，汲取灵感。其实，中华民族很早就开始注重与其他民族文化进行交流，在交流互动中进行比较，比如，历史上著名的丝绸之路不但联系东西方经济往来的通道，而且是文化比较交流的桥梁。中华民族的四大发明也正是经过这一通道传入西方，对西方文化的进步起到了重要作用。只是自19世纪40年代以来，如何处理与西方文化的关系使我们付出了沉重的代价。文化的多样性存在是无法回避的，只有正视文化差异，才能决定排斥还是接纳。历史证明，只有在文化多样性的基础上，寻找创建起文化沟通对话的桥梁，我们才能在文化不同差异的比较中，重点把握中国传统文化的特质，发现挖掘其他民族文化的优势，在全世界范围内与其他民族的优秀文化进行交流合作。同时，21世纪是全球化语境中多元文化碰撞交融的世纪，文化发展的规律应当是全球化视域中普遍性与多样性的统一发展。中国传统文化的发展离不开世界文化的大背景，这就决定了我们必须敞开大门，对世界不同民族的文化进行比较，对不同民族传统文化的相似性和差异性进行分析比较，寻找共同特征与各自"长短"，去劣存优，得出合理性元素，特别是代表文化发展方向的元素，比如：西方文化中的人对自然的主观能动性，重科学理性，重实证主义，以及对人的价值理性……通过对不同民族文化的科学分析，兴利除弊，发掘代表文化发展方向的元素，取其精华，融入中国传统文化体系之中，使中国传统文化的发展建设成真正先进的文化，最终成为多元繁荣世界文化中的一员。

二、通过文化采借不断丰富优秀中国传统文化的内核

文化采借是指接受经过选择的文化素材的行为。文化采借是文化在发展的过程中所展现的一种普遍现象。通过文化比较后，根据文化选择的原则，进行针对性的择取，所以文化采借并不是简单地照搬照抄，也不是在一个共同层次上进行的对话。文化采借大部分是相对落后的民族社会采借相对发达先进民族社会中的优秀文化元素，还有就是同等发展程度的社会之间相互采借彼此的优秀文化元素，而发达社会向落后社会进行采借的则十分少见。同时，采借不是漫无目的、随机选择的，而是在一定价值标准下进行选择的，主要标准就是使用价值。越具有使用价值的文化素材，就越具有被采借的价值；反之，则不易被采借。只要是与自己民族文化模式相近或相类似或差异性比较小的文化元素，采借就容易发生；与本土文化有抵触或差异大的，则不易接纳。

符合民族的心理特性。每个民族都拥有其他民族没有的特质，有的性格稳健保守，有的积极进取；有的温文尔雅，有的粗犷豪放。凡是所有与本民族特质相近或相一致的文化素材，不论是积极的、稳健的还是精美的、粗放的，都可能被采借。同时，不同类型的文化采借会催生出不一样的产物。国内有关学者认为，不同民族之间的文化接触可以形成以下不同的结果：一是替代。新的文化因素替代了原有的文化因素，发挥着相同的功能；二是附和。在原有的文化体系中加入新的文化因素；三是整合。新的文化因素经过整合形成新的文化体系；四是丧失。创新和创造新发明，以满足变化的需要；五是失去。失去自己的文化或一部分文化；六是抗拒。这是不可接受的。文化采借是实现不同民族文化相互整合的方式。从全世界范围看，人类的进步正是在相互学习、相互吸收、相互借鉴中实现的。中华民族是一个包容的民族，在漫长的历史进程中，我们向他人学

习，并将其转变为我们自己，进而形成了我们的民族特色。因而，在当代文化建设中，至少有三种思想文化资源可供利用：一是经过解析的中国传统文化；二是马克思主义文化；三是西方现代文化资源。这三类文化大体上代表了古今中外、理论与实践的发展空间。因而，我们要充分采借这三类文化资源的优秀合理因素，扬优弃劣，融会贯通，使其成为社会主义先进文化的重要构成。比如：马克思主义基本理论是对整个人类世界历史的发展客观规律和总体趋势的科学性把控，对全人类自身的全面自由的发展具有重要指导意义的先进性理论。他的解放全人类的思想、共产主义的目标、重视自然与社会的发展规律、理论联系实际等思想理论，以及站在工人阶级和全体人民群众的角度立场上所阐述的实践观、生产观、群众观、价值观、辩证观和历史观对中国当前社会的发展依旧具有根本性的指导意义。当代，西方国家已经进入现代工业文明的文化模式，创建了以现代性为核心的理性的、契约的、主体的、创建的文化模式。我们要学习借鉴西方已创建起的现代工业文化模式中的优秀元素，采借其精粹观念，创建起以理性为核心，科学、民主、法治、效率、人道和契约式的现代工业文明文化模式，促进精英文化与公民文化的融合。

三、进行文化整合，构建新的文化体系

通过文化采借的三种文化资源还仅仅停留在文化碎片或者文化片段的层面，需要将其进行系统化文化整合，形成新的文化体系。国外有关学者认为，理论只要说服人，就能掌握群众；而理论只要彻底，就能说服人。所谓彻底便是抓住事物的根本。传统文化的创造性转变的根本就在于进行文化整合，只有进行文化整合后的中国传统文化才是适应当前中国建设发展需要的。文化整合便是一种文化变为整体的或完全的一些过程，各部分文化经过分工合作所达到的最佳功能状态，是将所选择和采借的各种文化要素结构成一个具有系统性、整体性的内在有机联系的文化整体。在文化整合的过程中，文化系统内部的各个要素、每个层次都在进行有机合理的系统性整合，在多元复杂的系统中展现出共同的整合指向。那么在这

个文化整体结构中，各文化要素结合的方式是什么？文化各要素究竟是多元的功能互补的平等关系，还是一元主导、多元互融的主从关系？这些都关系文化性质的重要问题。不同的文化选择主体对这个问题的处理方式方法是很不相同的。从中国近代以来文化的发展历程来看，传统文化与西方文化相互融合的范围还是非常狭隘的，主要停留在简单的主从关系上，即经过设定居于主体的文化，选择居于从属的文化，从属文化的选择服从主体文化的需要，通过这种方式来协调传统文化、西方文化之间的关系。因而在历史的发展阶段便展现了"中体西用""西体中用""中西互为体用"等文化模式。这实际上就是以一元主导、多元互融的主从关系文化整合模式。这让我们在文化建设的实践面临了许多困难。譬如以中国传统文化为一体，以西方现代文化为用，中国传统文化是道德伦理本位，而西方现代文化的本质是科学理性主义，伦理道德是无法形成科学理性的，所以只能在多元功能互补平等的整合方式基础上创建新的文化结构体系。这种文化整合方式同人实现的全面自由发展是一一对应的，符合文化主体类本质和全面自由发展的基本要求。因而，在文化多元互补平等整合方式的基础上，我们还是要根据中国特色社会主义实践的实际需要，将中国传统文化、马克思主义基本理论和西方现代先进文化三种文化资源进行系统性整合，创建出一种既充分体现中华民族特色又充分彰显时代精神的高度发达的社会主义先进文化体系。尽管三种文化有各自的特点和长处，马克思主义文化着眼未来，强调以人类为本位；中国传统文化注重传统，倾向于以群体为本位；西方现代文化关注当下，宣扬以个人为本位，但是它们之间对人类社会的终极追求使他们存在契合的因子，对人文关怀使得他们具有了整合的途径，而历史唯物主义则是三者整合的方法。

四、开展文化再解释，不断提升文化自信和道路自信

经过文化发明后所形成的中国传统文化应具有鲜明的综合性、创新性、时代性与民族性等特性，应当具有融入时代语境，推动文化本质性的发展，提升整个民族的文化自信。文化再解释是指将经过文化整合后的文

化元素和文化体系放置于时代背景中进行新的解释，使其具有时代性和特色性。

在中国特色社会主义文化建设的时代语境中，对中国传统文化进行再解释，就是必须将中国传统文化传承与践行社会主义核心价值观有机结合，在传承中国传统文化过程中涵养社会主义核心价值观。社会主义核心价值观是当前中国在具体实践和建设过程中，不断总结过去历史经验，凝练当代社会主流核心思想和价值理念的基础上形成。它既体现了中国传统文化的精髓，又彰显了现代工业文明的特性，还坚持了马克思主义基本理论的贯穿主线，因而，社会主义核心价值观成为我国当前社会主流价值思想体系中的主流核心思想，起关键性的指引作用，决定整个社会思想价值的属性与根本方向。它充分展示了中国坚持马克思主义基本理论的思想特性，体现了全民族共同的思想追求和价值理念，展示了中华民族几千年来一脉相承、生生不息的文化精髓。

当前，在全球化的语境下，面对各种文化的冲击和侵蚀，只有树立正确的价值观，才能应对各种风险挑战。而通过文化再解释，将经过文化整合后的中国传统文化与社会主义核心价值观进行有机结合，通过自上而下、自内而外地推广与传播，在全社会形成自觉践行社会主义核心价值观的良好氛围，最终实现全民族文化自信和价值观自信有力提升的目标。文化的核心是价值。人们据之以观世界、思人生、辨善恶、别曲直、识美丑，并以此成为凝聚、认同、创新和创造的基础和指南。因而，我们必须不断提升个人价值观自信，提升整个民族文化自信。文化自信和价值观自信的提升，必将提升我们的理论自信和制度自信，彰显出社会主义先进文化的理论魅力和价值感召力，打造具有中国特色、中国作风和中国气质的独立话语体系，不断提升建设中国特色社会主义的信念、信心和自觉，并向全世界发出和传播我们的价值理念。

第二节　提升传播主体的文化自觉性

　　文化是一个抽象概念，一方面，它补充和预设了政治、经济、外交和科学等其他领域的关系。文化与人的关系也是如此，文化是一个整体目标；另一方面，通过学习文化、了解文化、研究文化，不但可以推动自身文化，塑造精神品质，而且可以提升自身的社会形象，进而影响周围的人，传播积极的能量，为国家和社会贡献个人力量，赢得他人和社会的尊重和赞扬，实现个人价值。所以，提升传播主体的文化自觉性显得极其重要。

一、加强公民及海内外华侨自觉传播中国传统文化的自信心

　　文化自信是最深刻、最持久的自信。这是对中国传统文化自信最基本的论述。自信是维系中国人情感的精神纽带，也是中国传统文化的精神记忆。中华民族不但能创建出优秀的文化，而且所创建的文化又能回头融凝此民族，使之民族逐步绵延扩展，日久日大，以立于不败之地，这便是我中华民族之特质，亦是中国传统文化之特质。

　　做好这项伟大工程，不但需要加强中国传统文化对外传播的顶层设计，而且需要公众自觉提高传播意识。首先，加强对中国传统文化的研究。重视中国传统文化的宣传教育，继承和发扬中国传统文化。指引社会公众主动学习和了解，真正把对中国传统文化的学习贯彻到人们的工作和生活中，做到人人学中国传统文化，人人能讲中国传统文化；其次，自觉增强对中国传统文化的信心。无论何时何地，我们都应该在思想和行动上加强对中国传统文化的信心和自觉性，树立对中国传统文化的信任和信心。

二、培育对外传播中国传统文化相关教育机构及人才

文化事业的发展也离不开人才的作用。文化的发展与人的关系是不可分割的。优秀的传播人才、技术人才和教育人才在中国传统文化的对外传播中发挥着重要作用。培养对外交流的教育机构和人才，必将成为提高国家文化软实力、提高文化国际竞争力、推动中国传统文化走向世界的一项重要工作。

有关文件强调，加大中外人文交流力度，创新对外传播、文化交流、文化贸易方式，在交流互鉴中展示中国传统文化独特魅力，推动中国传统文化走向世界。努力培养国际汉语教育和外语翻译人才，扩大海外教育机构，依托海外文化中心和孔子学院开展汉语教学、汉学课程和传统文化教学，积极向其他国家传播中国传统文化。

三、调动民间组织主动参与国际文化活动与文化交流积极性

公共组织和非政府组织在推动国际文化竞争力、国家文化软实力和文化交流方面发挥着巨大作用。近年来，随着我国非政府组织迅速发展，出现了一批文化组织，如文化社团、外交智库、学术团体、音乐协会、书法协会等，为中国传统文化的传播提供了力量、渠道和平台。

我国非政府组织具有主动性、自发性的特点。通过举办中外文化交流活动，文化交流方式灵活、自由，使外国观众更容易接受和学习中国传统文化。同时，非政府组织要营造学习和传播中国传统文化的国际国内环境，激发国内民间组织和海外华人、华人社区的创造力和传播力，让中国传统文化走向世界。

第三节　加强传统文化的数字化传播

一、传统文化数字化传播的主体策略

（一）传播者的"工匠之心"：传统文化与现代美学的和鸣

传播者是数字化传播的主体，在数字化传播的所有元素中，传播主体是处于核心地位的元素。在现代社会出现的传统文化传播者，主要是指演员、画家、职业摄影师等。中国传统文化的数字化传播者，既包括在传统传承关系下习得传统文化技艺的传承人，如非物质文化遗产传承人，也包括热爱传统文化，并具有一定传统艺术技艺的艺术家个人，如书法家、画家、传统文化相关影视剧的制作人员等，还包括把弘扬中国传统文化作为职业和追求的组织或者个人。中国传统文化的数字化传播者，主要是指在互联网时代下，利用网络等媒介，以个人或群体的方式传播传统文化的普通大众，如时下很多年轻人聚集的古风圈，以及看到有意思的传统文化数字作品就分享转发的网友。中国传统文化要在当下的社会语境中焕发生机，关键是要在了解互联网时代特征的基础上，把握住中国传统文化的视觉精髓和文化内涵，充分利用当下互联网优势，以符合当下时代审美体验、展现现代美学特征的方式进行数字化艺术阐明和传播。而在这一数字化传播进程中的主体和核心正是传播者。

传播者除了要成为一个虔诚的匠人来精心雕琢中国传统文化在数字视觉上的艺术展现外，还应具有坚守中国传统文化所代表的内在文化精神的使命感和责任感，进行恰当而高质量的现代化转变，弘扬中华民族传统文化和民族精神。中国传统文化的现代传承在国家的高度重视下一直被从政府到企业，甚至个人广泛应用和开发，但基于对中国传统文化理解上的不够准确和深入，也缺乏"匠人之心"的雕琢和传承传统文化精神内涵的责任感和敬畏之心，尽管相关的数字化艺术产品众多，但能够既吸引受众具有较强传播力又代表中国传统文化精神的产品则少之又少。传播者成为数字化艺术传播中的核心主体，也是大众文化传播的重要桥梁。

互联网时代下，数字技术的蓬勃发展、移动互联网的不断深入推动互联网行业空前发达，而智能手机的普及则更让传播触手可及。互联网对中国传统文化的数字化传播而言仍然是一把双刃剑。成为传播者，既要充分地认识和理解互联网，充分利用互联网时代的技术优势和传播优势，有效实现中国传统文化的数字化，又要对中国传统文化本身有准确而深刻的认识，对传播传统文化和民族精神有敬畏感和使命感。只有如此，才能避免在跨文化传播中出现文化误解，这是中国的本土传播者和海外传播者都应该坚持的原则。中国强大的综合国力和巨大的市场潜力，吸引着众多海外品牌纷纷借助中国传统文化符号向中国市场示好，但如果对中国传统文化的理解有偏差而进行不恰当的现代转变，不但无法让中国受众认同，而且会伤害中国人民的情感。不论传播者是何种国别何种身份，只有对中国传统文化有充分的理解和正确的认识，对传统文化精神有敬畏之心，才有可能赢得受众的认可，并最终形成相应的经济价值。因而，一名优秀的传播者必然是在准确并深入地理解中国传统文化之后，在当代社会语境中对其进行严谨而准确的应用，进行高质量的现代性阐明，并在利用互联网的基础上，具有一定的传播素养，运用多种方法和传播手段，使中国传统文化的数字艺术方式取得最大范围的传播。

（二）接受者的"分众模式"：横向之本土和海外受众与纵向之内驱和培育型受众细分

1948年，传播学四大奠基人之一的美国学者哈罗德·拉斯韦尔提出传播领域的五大要素：传播主体、传播内容、传播渠道、传播受众和传播效果。传播受众，即传播内容的接受者，正是这经典模式中的核心要素之一。而艺术接受成为艺术传播过程中的重要一环，正是以艺术作品为核心，艺术接受主体对其进行欣赏、感受、评价等活动，并达到心灵上的满足。这是艺术传播活动和以此进行二次传播的关键，也是促使艺术活动完整性的重要组成部分，更是艺术价值得以最终实现的"临门一脚"。

然而，受众本身庞大而复杂，生长环境、所受教育、文化熏陶等方面不尽相同，审美素养和偏好也就各不相同，因而，一件作品要被所有受众理解是不可能实现的。尤其是中国传统文化的传播，基于自身的博大精深、种类繁多，对受众皆有一定的知识和审美素养的要求，这就更需要对受众有充分的了解和定位，以对方可读懂的艺术文本和传播语言进行准确传播，才能实现传播者和接受者之间平等、良好的互动和对话，中国传统文化才能取得有效的传播。互联网的不断发展为中国传统文化在数字化传播上创造了极大的优势条件，而中国从政府层面也高度重视利用互联网对传统文化进行有效的数字化传播，在传承和保护传统文化的同时，不断提升国际形象和国家文化影响力。可以说，从政府到企业，甚至是传播者个人都做了尝试，但不得不承认，当下中国传统文化的数字化传播还很不成熟，海内外传播皆没有实现更高的飞跃，尤其是海外传播还相对较弱。而其中重要的原因是对受众的细分和定位不准确，数字化传播的针对性不足、精准度不够。因而，在中国传统文化的数字化传播过程中，应利用好互联网优势，借助大数据技术充分了解受众，并从横纵两个方向对中国传统文化传播的受众进行全方位、立体化的细分，进行精准定位和传播，且在充分理解互联网的发展到现阶段的传播关系特质之下，激发每一个受众节点进行再次传播，进而更加广泛和有力地进行中国传统文化的数字化传播。

首先，从横向维度对中国传统文化数字化传播的本土受众和海外受众进行细化分类，并进行精准传播。对外传播要达到预期的传播效能，就必须研究和分析受众，把握好对受众的角色定位。中国传统文化融合了中华民族五千多年的文化宝藏，其种类繁杂之大，所蕴含的文化之深不是常人可以了解的，对于本土的中国受众亦需要长期学习和熏陶，若不是专家学者，也只能是略知一二，何况对于具有巨大文化鸿沟，且缺乏学习，没有任何传统文化素养，同时在认知思维和审美习惯上存在巨大差距的海外受众。若只是以最初级的语言转换进行海外传播，缺乏针对性阐明策略，必然是很难被海外受众所理解和认同的。同时，受到主观或客观等因素的制约，我国传播领域对国际受众的认知和把握还有明显的不够客观和不够准确清晰的问题。尽管近些年国家的重视及诸多对外传播机构的设立为中国传统文化的传播创造了良好的条件，也取得了一定的进步，但本质上仍然不了解海外受众，更难用对方愿意接受的传播语言进行传播，由此，传播效果也必然不尽如人意。而任何传播能力的提升，离不开对受众的准确把握，都需要系统科学地了解和研究受众，跨国跨文化的国际传播更是如此。此外，除了要足够了解海外受众之外，在互联网时代迅速的发展下引起的社会浪潮也在重塑着本土的新的受众，展现出了与以往所不同的特质。

因而，要让中国传统文化的数字化传播得到认同和接受，细分本土受众和海外受众，以进行精准传播，此为前提条件。首先，尽可能地准确认识海外受众；其次，从纵向维度对受众进行内驱型和培育型受众的细分和精准传播。正如前文所述，中国传统文化本身具有特殊性、复杂性、内隐性等特点，必然也会出现接受者对相关的认知和审美素养参差不齐的现象，这不但存在于国内的本土受众，海外受众也是一样。自身接受过良好的传统文化的学习和环境的熏陶，发自内心地热爱传统文化，并会自发地、主动地，且有一定能力去欣赏中国传统文化的艺术传播活动，还会自发主动地传播，这种源自自身喜爱成为原动力去驱动接受和传播中国传统文化的艺术阐明方式，则为"内驱型"受众。而"培育型"受众则是相对于"内驱型"受众而言，对中国传统文化的认知处于比较低的阶段，且缺乏相应的审美能力，对中国传统文化的艺术阐明方式也缺乏一定的热情和传播的动力。对于"培育型"受众而言，最重要的是"培育"二字，这就要求传播者以高质量的中国传统文化的现代转变来吸引这类受众，并对其形成一定的影响，以完成传播。显然，"培育型"受众的动力更多的是来自外部的吸引和培养，而不是"内驱型"受众这种源自内在的动力。因而，这两种受众最关键的区别则是内在与外在的动力。唯物辩证法认为，事物的内部矛盾（即内因）是事物运动和发展的根因和原动力，而外部矛盾（即外因）是事物发展变化的次因。由此可见，"内驱型"受众相对于"培育型"受众来说具有显著的传播上的优势。然而"内驱型"受众和"培育型"受众不管是在国内传播还是跨文化传播中的比例，都是金字塔式的结构，"内驱型"只占金字塔顶端的少量比例，而"培育型"才是金字塔的主体部分。尽管如此，不论是本土还是海外，"内驱型"受众的共同点是对中国传统文化有较高的认知度，有强烈的意愿传播传统文化，且对周围人群有较大的影响力。这类"内驱型"受众，也是传播受众中的"精英群体"。这类群体虽然只占少数，但内在动力和自身影响力引发的传播力不容小觑。因而，对待"内驱型"受众和"培育型"受众两者的关系，我们应明确并突出"内驱型"受众的地位，鼓励"内驱型"受众去影响身边的"培育型"受众，并在良性的互动中，把"培育型"受众转变为"内驱型"受众，让两者之间形成良好的循环成长型互动。

一方面，要关注、肯定且强化"内驱型"受众。尤其是在跨文化传播中，"内驱型"受众的影响力更是至关重要。在近些年的对外文化传播中，基于中国国际影响力的不断增强，官方与民间的各种文化交流活动逐步增多，不但加深了不同文化的碰撞和交流，而且在海外培育了越来越多的"内驱型"受众。尤其是以政府和高校平台为依托的活动，受众多为接受过一定中国传统文化学习的大学生、青年学者，或者某领域的专家等"内驱型"的精英受众。且目前这个群体仍在不断增长中。在这样的背景下，应当更充分关注和强化此类受众，包括热爱中国传统文化的外国人，以及长期生活在海外的中国人。然而在实际的海外传播中，我们常常忽视了这一群体的巨大力量。目前，海外留学生、游客等几乎遍布全球，普通外国民众也许没有机会亲自到中国来感受，但他们身边基本都会有中国人。因而，在海外传播中，能够自然融入的"内驱型"受众的传播力对于中国传统文化的数字化传播就显得尤为关键。同时，为了进一步扩大"内驱型"受众的传播影响力，应更多予以政府层级的奖励，不论是物质奖励层面还是精神荣誉层面。即给予"内驱型"受众更具权威性的传播影响力。尤其对于那些熟悉和热爱中国传统文化和艺术的外国人，基于中西方文化的巨大差异，往往其本国人更能从本民族的心理和角度去传播，且更易取得本国人的认同和接受。因而，以鼓励的方式激发这部分群体的力量，指引他们成为中国传统文化的海外传播使者则极其具有现实意义。除此之外，我们还可以在中国传统文化的数字化转变过程中，积极邀请这类受众在大规模的正式传播之前，进行小范围的试看或是试用等，关注其提出的反馈和修改意见。这种预先与"内驱型"受众的互动，也应被推广到对

116

中国传统文化的数字化转变的艺术水平、文化内涵、审美意蕴等多方面。

　　另一方面，应努力培育"培育型"受众，并在区分"内驱型"受众和"培育型"受众后进行精准传播。培育此类受众，除了要从政府层面的国民教育中把对传统文化的热爱种进他们的心中，提高对其的认知和审美能力外，更应从传播者的角度，以能被"培育型"受众接受和认可的数字化方式完成对传统文化的传播。正如前文所述，对于海外受众中的"内驱型"精英群体受众，我们应发挥中国传统审美语言的优势，在完成对"形"的塑造中，强化对"意"的阐明。因为"内驱型"海外受众有能力，也更愿意体会中国传统文化的数字化阐明中对抽象的"意"的传达。当然，除了这类精英群体外，海外的大部分受众对中国传统文化的认知度和接受度还相对较低。可以说，海外的大部分受众都是仅知晓几个典型的中国符号的普通"培育型"受众。相对精英群体受众更乐于接受抽象的文化认知而言，他们对"形"的关注也远远大于对"意"的关注，从某种程度上来说，他们还没有能力充分理解中国传统文化的"意"的阐明。因而，以"形"来达"意"，用符合其认知能力和审美水平的视觉造型吸引"培育型"受众的接受，且读懂其中所包含的文化内涵，以循序渐进的方式培育他们，从受外在的吸引到主动探索，并成长为"内驱型"受众，才是我们对"培育型"受众最具有可行性的培育方式。

　　最后，利用互联网传输的网络节点优势，形成由内向驱动的大节点驱动培育的小节点，由本地大节点驱动海外小节点的三维传播良性循环，以塑造自发成长式旋转上升扩大的传播结构。互联网发展到当下阶段，对社会形成巨大的变革，移动互联网重塑了传播关系，从以中心点的发散型传播关系转换为去中心化的网状传播结构。这一变化不但扩大了传播面的幅度和广度，为中国传统文化的数字化传播创建了极大的优势，而且反映了互联网时代下为普通受众的赋权，使他们有更多的机会和更大平台发出自己的声音，他们也更愿意主动参与传播和互动。互联网时代下的受众在这样的网状传播结构中，不再是一个个被动的孤立的个体，他们每个人都是这个网中的小的节点，且可以相互联结形成一个大的节点。节点的大小由他们本身所有的影响力和传播力所决定。而在中国传统文化的数字化传播中，显然，具有更大传播力的"内驱型"受众是一个大节点，肯定并鼓励其积极传播传统文化，以此培育新的受众，带动"培育型"受众，充分激活"培育型"受众的小节点，小节点再不断地长成大节点，大节点再带动小节点，以此类推，循环往复形成一条自发成长式的旋转扩大型传播结构，这对于中国传统文化的传播而言是一个纵向型良性的传播发展。从横向维度如"内驱型"受众与"培育型"受众作为节点的循环互动一样，也以本土受众带动并激发海外受众小节点并形成横向的不断的编织长大的网。而从横向和纵向细分的四种类型的受众，在互联网之下，是身份相互重叠，关系相互交织。因而，这个传播结构是两张横向和纵向网交织在一起，形成了一个立体3D式的网状成长结构，且在互联网的传播优势下，将不断壮大，并对中国传统文化的数字化更深、更广地传播具有不可替代的意义。

（三）把关者的高标准控制：数字化传播的规范化建设

在传播过程中，媒介权力决定着传播的内容和方向，媒介权力人通过操纵媒介，实现对接受者的信息控制，进而指引接受者在行为认知和价值判断上向媒介权力人期望的方向靠拢。这意味着，媒介权力利用对信息载体的掌控，传播为其服务的价值和理念，进而对受众的思想和行为形成影响，甚至是支配。媒介权力是一种文化传播的权利，社会的发展离不开文化的传播与交流。在人类历史上，媒介力量也是一种启蒙力量。传播者借助媒介广泛传播文化，教导社会成员接受其倡导的思想观念。由此可见，文化传播的过程，也是媒介教化大众的过程。在媒介权力中，如果说传播者是媒介权力的首端，决定着传播的内容，而这种教化职能的落实的另一端还需要一个"把关者"来确保其是否具备真正的教化作用。而此处的"把关者"则是媒介权力的尾端，与首端的传播者一起实施媒介的真正作用。扮演把关人角色的正是占有和操控媒介资源的媒介权力主体。在大众文化的生产和传播中，他们有权决定让观众知道什么和不知道什么；决定做什么和不做什么；有权选择和拒绝信息资源。适用于文化交流，"把关人"起到了对文化作品质量、艺术审美和艺术价值的审核，且决定了其能否进入社会公众视野，进行公共传播。从某种程度来说，"把关人"决定了公众能够欣赏到的艺术作品真正的审美质量和艺术价值。因而，对于中国传统文化这样种类繁多、文化内涵复杂而深刻的传统文化来说，要想以数字化的方式既展现出中国传统文化的视觉符号精髓，阐明其代表的丰厚文化意蕴，又能够传达出伟大的中华民族精神，则必然需要高标准、高素质的"把关人"进行审核和把关，才能让受众欣赏到真正能代表传统文化内涵的高品质作品，感受到中国传统文化的魅力，这才是中国传统文化数字化传播成功的关键。

互联网时代传播关系的变革，也给"把关人"带来了更多的挑战。在传统媒介生态中，信息流展现出单向、主体间不平等、公共地位边缘化的特征，引起生态系统中的权利失衡。在后现代社会中，以网络媒体为代表的新媒体的出现，在一定程度上颠覆了传统媒体与现代媒体生态的权力关系，逐渐形成了一种新的、更加和谐的媒体生态结构。在这个时代，受众拥有前所未有的权利：不但可以在广阔的信息来源中随意挑选感兴趣的信息，而且可以利用众多新闻网站、社交网络等平台自由地发布信息；信息的热度和延续性，不再只由传播者控制，主要依赖于受众的关注度和参与度。曾经由编辑、记者和媒介共同控制的信息平台，也渐渐失去了对受众的掌控权。这正是基于借助共享的互联网资源，受众构建了一个拥有众多参与者的新信息传播平台。这也意味着，传播者不再是媒体的特权，受众也同样可以是传播者。在传受关系中，受众的主体地位日益凸显，主要体现在受众拥有决定性的选择权、参与权和信息传播能力。因而，传统编辑的采编权和"把关人"的地位被大大削弱，权力逐渐向受众过渡。

互联网时代对传播关系的重构及新媒体技术的不断发展，使"把关人"的角色功能不断减弱，但在如此复杂的传播环境下，中国传统文化的传承和发展更是需要强有力的"把关人"。也可以说，当今时代的传播环境，对"把关者"提出了更高的职业素养和价值观念要求。只有"把关人"具备更高的媒介素养，才能真正当好"守门人"，才能当好受众的精神"指引者"，才能切实承担传播中国传统文化的社会责任。作为中国传统文化传播的"把关者"，不但要深刻认识中国传统文化，而且要对中国传统文化的创新继承和弘扬有高度的使命感和责任感。作为优秀合格的

"把关人"，还应深入了解受众、挖掘受众需求，并以创新的思维找到与传统文化最佳的契合点，充分利用互联网的优势加强中国传统文化数字化的传播力。

中国传统文化的数字化传播，本质上是中华民族文化的阐明，是中国五千多年文明古国的文化形象，也是崛起中的现代中国的国家形象。要想其能够担当起这份文化传播的重任，其高质量的数字化视觉转变固然重要，但基于中国传统文化本身的复杂性和内隐性等特质，数字化艺术产品能否准确地传承传统文化，能否真正传播中华民族的民族精神，而不是以数字化转译为名的误用、错用，对传统文化传播显得尤为关键。这除了要求"把关者"具有较高的文化素养和传承使命感，能高质量把关中国传统文化的数字化艺术作品外，还应尽快创建中国传统文化的数字文化库，为完善中国传统文化的数字化传播提供保障。这不但是媒介权力首端的传播者可以以此成为重要参考标准的权威的数字资料库来源，而且是媒介权力末端的"把关者"可以进行筛选和把关的必要依据。而大数据和云计算等高新技术的应用，更是为数据库的建设提供了更高的技术上的支持。目前以各大博物馆为主的文物采编数据库在持续建设中。"数字文物"的数据采集工作也从原来的二维数字影像发展到如今的使用三维技术来采集文物的数据。可以说，只有创建起三维影像数据库，才能对数字文化的发展起到实质性的推动作用。过去的图像是平面图像，而使用三维技术的是三维图像，感知是三维的，数据也是三维的。故宫的数据库是基于二维、渐进式的三维数据采集，同时补充现有文物数据库的属性，对图像进行三维数据采集，逐步细化材料、配方、尺寸，最终创建起一个多维的文物数据库，只有在这种状态下，我们才能说我们有"数字文物"。在"数字文物"概念确立的同时，也创建了相应的文物数据库，这也是"数字故宫"强大的基础数据。数据文物库的创建不但是对文化遗产的全方位保护，而且为这些文物的数字化展示、VR体验等高科技的应用提供了机会和素材，更是为中国传统文化在数字化的现代转变上提供了真实可靠的依据，不管是对传播者还是"把关人"来说都至关重要。但不得不说，博物馆之间的独立的数据库并不利于中国传统文化整体数据库的创建，因而，各个机构应互通有无，通力合作，建设起中国传统文化的真正数据库，且对公众开放，如此才能让更多的人参与到中国传统文化的传播中来，才能为中国传统文化的数字化阐明能真正传播传统文化保驾护航。

二、实现中国传统文化传播内容的数字化转译

（一）现代：凝练的符号形态语言阐明

传播符号与作品、观念等共同构成传播的媒介和载体。可见，传播符号在整个传播过程中的作用。现代语言学之父，也是结构主义的创始人索绪尔，从语言学出发，认为语言本质是一种符号系统，由"能指"和"所指"共同构成。国外有关学者认为，艺术传播的符号包括一个可以被直观感受到的指符与一个被推知理解的被指。因而，在中国传统文化的数字化传播中，符号是能够代表中国传统文化的特有元素的能指，以及传达中国传统文化内涵精神和艺术意境的所指，两者结合才是中国传统文化在数字化传播中的中华符号。而这样的中华符号正在再创造后的中国传统文化中阐明创作者，也是传播者的情感、思想、对传统文化的热爱，以及从中体现出的中华民族民族性的特质。中华民族的民族性是指在五千多年的历史中、中华大地上和传统文化环境里沉淀下来，并积聚而成的特性。这是一种在特定的民族心理、道德规范，以及思维模式等基础上展现出的民族精神和民族气质。所以，这种体现民族内在独特气质的民族性，是连续性，且较为稳定的一种存在状态。中国传统文化的数字化传播的过程，本质上就是一种彰显民族性的过程，在全球文化大融合中体现自我特质，并寻求文化认同的一种方式。而在现代社会，在缺乏传统土壤环境下进行的中国传统文化的数字化传播的关键是对中国传统文化符号进行现代性转译，以数字化艺术的方式在保有传统文化精髓和魅力的同时，绽放出当下时代的光芒，这才是适应当下互联网时代环境的生存法则。因而，能否使中国传统文化符号具有现代性成为中国传统文化的数字化方式具有较强传播力的核心。这里的现代性是跨越时空，对中国传统文化视觉的外在阐明与现代审美潮流，在中国传统文化的精神价值与中国现代的社会价值观中找到的

和鸣和平衡，也正是一脉相承的民族精神，是在古今结合、时空呼应中的现代性的传承和发展。因而，对中国传统文化符号进行形态语言上的凝练，以具有现代视觉性的符号展示古典艺术美学的韵味，阐明民族文化精神的内涵精髓是中国传统文化数字化传播的主要条件。

中国传统文化符号的形态语言的凝练，实际上正是对中国传统文化进行提炼和重构，以创造具有现代性的形态语言，这本质上就是一种民族化的外在表现，即是经过设计等创造手段将内在、抽象的民族性灌注于数字化作品之中，以及数字化传播的全过程。这是一种以传播者主观能动性的物化过程和外在努力展现民族的内在属性和精神。中国传统文化符号可以被认为是一种最直接的方式，展现民族文化身份和文化气质。因而，对中国传统文化的数字化传播，是需要以再创造的方式对元素符号进行现代创新。然而，传统文化本身包含着许多元素和复杂的类型。并不是所有与传统文化相关的元素和符号都适合现代数字翻译的创新。为了达到既定目标，必须对中国传统文化符号进行筛选，加强其数字化的传播力。因而，中国传统文化符号除了要满足前文对中国传统文化概念界定中的"可提炼的符号性、民族精神的正面性、文化意蕴的整体性"外，还应满足另外两个条件。

第一，典型性。中国传统文化进行数字化传播的主要受众是对中国传统文化具有一般认知程度的普通大众，且以年轻人为核心群体。想把种类繁多且复杂的中国传统文化不加侧重地进行传播，且让受众接受和认可，显然不具备现实条件和意义。正如认知学习的过程一样，想面面俱到，且以毫无重点的方式传播，如同把受众置身于逛庙会一样的传播环境中，嘈杂且热闹，但能记住，即产生传播效果的则寥寥无几，效果显然与初衷背离。因而，进行数字化传播的中国传统文化符号必然要具有典型性，在受众中具有较高的熟悉度和接受度，且能够代表中国传统文化和民族内涵的元素符号，如榫卯、园林、故宫等典型元素。并对其进行深入挖掘，加深受众的认知和感受力，且以此带动其他元素符号的传播度。只有以这种选择具有典型性的符号为切入点，其受众认知度较低的元素符号成为外围，以典型元素为中心层层递进，才能在循序渐进中稳步推动传统文化的传播。从某种程度来说，即便是受众耳熟能详的符号元素，仍然是缺乏深入的了解，也只停留在符号阶段。如"榫卯"和"扇"这两款优秀的民艺软件，均以游戏的方式让受众在趣味互动中了解到榫卯和扇这两个大家都很熟知的民间技艺真正的制作工艺，且在古色古韵的视觉画面中，手指的点触参与中，感受到传统匠人的匠心精神和传统技艺的美感。对于大多数人来说，对"榫卯"和"扇"的认知相对浅显，且缺乏传播力，但这两款民艺软件可以在加深受众对其认知深度的同时，让他们感受到传统文化的魅力，触动到他们内心深处对传统文化的热爱。打动人心的艺术作品才能让人心甘情愿，自然而然地分享，才能真正激发其在互联网时代下成为普通受众的二次传播力量。而从榫卯和扇延伸出来对传统木材、工具器物，以及油漆材料和其他技艺的认知，则是从榫卯等这种典型元素符号辐射出来的认知度相对较低的元素符号，这样层层推进的传播方式，更加自然且易于接受。

第二，可传播性。顾名思义，即元素符号本身具有的吸引力和传播力。符号成为信息传播的载体和进行沟通、交流的媒介，中国传统文化符号代表着传统文化内涵和中华民族精神，其不但应适应本土的传播环境，引起中国受众的关注，而且应该在跨文化传播中适合国际化的发展和潮流，体现中国传统文化的魅力。文化的传播和交流，尤其是跨文化传播，很大程度上是依赖于文化符号的可传播性。而一般来说，文化符号的可传播性是受到诸多条件限制的，其受限性主要表现为相应的语境，如果在一个本土语境之外的新语境中传播文化符号，则要需要满足很多其他条件，如若不然，则会使信息的传播出现偏离或者中断，符号载体的作用和传播效果都将大打折扣。因而，在中国传统文化的数字化传播中，首先要选择具有可传播性的元素符号，尤其是在海外传播中，应尽量选择适应其传播语境和认知方式的元素符号进行现代性转变。要把握不同文化下的传播语境，最好选择传播热度高、传播能力强的符号展示数字艺术，使中国传统文化的数字化传播效果大大增强。

对筛选后的中国传统文化符号进行再创造，以凝练的符号形态语言展现其现代性才是中国传统文化的数字化转变的重要一环。而再创造的关键是对中国传统文化进行一个打破重构的过程，即所谓"不破不立"，只有在打散中国传统文化符号中对其进行抽象、提炼和概括，才能真正把握住元素符号的精髓，并结合现代美学元素进行重构，在突出传统文化元素特质的同时具有现代美感。这正是在"破"中把握精髓，在"立"中展现现代生命力，即"先破而后立"。世界著名画家毕加索画牛的故事，为世人津津乐道，传为美谈，这也正是毕加索大师从现实主义画家突破成为现代艺术的创始人，抽象主义大师的一个思考过程的反映。1945年，他先以素描画了一只健壮的牛，而后采取减法，将牛逐步简化，最后只剩下几根线条，原来牛的形象已不存在近乎抽象的模样。虽然只是寥寥数笔，但却是把牛的形态精准地阐明出来，多一笔则累赘，少一笔不精准，这种恰到好处的提炼概括才是中国传统文化符号在数字化转变中应把握的。这种由具象形象演变到抽象形象，简化、提炼、变形的过程，成为创造性的艺术劳动，也正是"先破后立"的典型体现。因而，对中国传统文化本身的打散、重构且成功提炼其精髓正是中国传统文化数字化转译和创新的前提条件。在此过程中，创造者应将所选的元素符号分类进行重组和移用，"一方面，要将具象的元素符号，如器物、纹样等抽象出体现内涵的方式特点，并结合时代特点进行创新；另一方面，将传统文化中形而上的文化精神，具象化为合宜的视觉方式语言，用于设计创作之中。即将'物'（器物）揭示为'精神'，将'精神'性的内容具化为'物'。"[1]在创作中实现事物两极的创新转变，才是在把握住传统文化内涵精髓之下展现的现代性。民族文化符号必须从传统文化体系的核心部分中提炼而成，才能更好地将民族文化的内涵精髓展现出来，而不是仅以纹样、器形等外在的表层符号堆砌起来。而中国传统文化符号在数字化传播中，不但是从视觉等感知层面的提炼再创造后要体现现代性，而且在其应用内容方面也更与当下的时代特点、受众需求相匹配，具有现代性。而两者条件的满足才能大大加强其在现代社会语境中的传播力。

---

① 张黎. 从民族性到民族化——设计中传统民族文化符号运用的分析［J］. 南京艺术学院学报（美术与设计版），2008（02）：133-135.

（二）吸引：沉浸式体验中的文脉传承

进入后互联网时代，在数字传媒等多种因素的作用下，社会和传播已然在互联网作用下展现出了一种全新的形态。海量的、碎片化的信息环绕着人们，娱乐产业也处于空前繁荣的阶段，要从信息和娱乐的海洋中脱颖而出，引起人们的关注，成为互联网时代下能够创造价值的基础条件，成为互联网时代下的"眼球经济"法则、"注意力"原则等，即只有先吸引到用户或受众的关注，才有可能形成影响力和传播力，乃至经济价值。显然，在信息爆炸、娱乐工业化的时代，中国传统文化在人们既已形成的深奥、枯燥的刻板印象里，想吸引受众的关注和喜爱必定十分困难。因而，在中国传统文化的数字化转译中，只有对受众具有较高的吸引力，才能形成一定的传播力。但这种吸引力不能是短暂的，而是能够让受众产生沉浸体验感受，并在这样的体验中传达中国传统文化的意蕴魅力才是真正具有传播力的数字化转译。因而，互联网面临的传播优势，前沿科技的不断发展，都为中国传统文化数字化转译中的沉浸式体验创造了十分有利的条件。

"沉浸"一词最初被用于心理学，用来解释为什么人们充分参与一些日常活动，高度关注，过滤掉所有无关的感知，进入沉浸状态。这是一种凝重的状态，也就是庄子所说的，"用志不分，乃凝于神"。追溯至早期的沉浸式交流，它与建筑、艺术、音乐等多种艺术方式有着密切的联系。洞穴壁画创建了最早的沉浸式环境，环境相对封闭。中世纪的教堂通过建筑和光线的充分运用创建了一种独特的空间感。从发展的角度来看，现代电影和电视画面，是否从黑白到彩色电视、从无声到有声电影，或从普通屏幕到巨型屏幕，他们不断增强与技术进步的浸入式教学的经验，以不断融合与真实世界的虚拟映像。电影叙事中的长短镜头交叉使用的蒙太奇手法，正是通过拍摄手段、媒介技术，实现对受众心理的掌控的一种思考，并让受众自然而然地进入影像亦幻亦真的世界中。这正是利用电影影像与受众产生互动体验，使这种虚幻的空间感延伸到现实世界中来，并使受众获得更好的沉浸感体验，其也阐明互动也是营造沉浸感的另一个关键要素。这一点在近几年流行起来的互动式戏剧有显著体现，这种新的戏剧方式，让观众参与进来，走上舞台，选择自己感兴趣的故事情节，使受众能够多感官、全方位、近距离地感受戏剧艺术的魅力，观众与舞台达到了一种新的融合。然而，当下很多传统艺术方式仍然只侧重单一的感官感受。诸如博物馆、美术馆等机构的展出方式多以空间上的物理距离拉开艺术与受众之间的距离，而此物理距离面临的审美认知的具体，也必然会弱化受众的审美体验。但从某种程度上来说，不论是教堂中光影营造的沉浸感空间还是3D技术在电影中的支持及叙事语言的使用，抑或是互动式戏剧中的用户参与等种种方式营造的沉浸式体验，这几个在传统艺术方式中多单独使用的沉浸感方式，将成为数字化传播中沉浸感体验营造的综合方式。中国传统文化以数字化艺术产生的沉浸式体验，正是得益于数字和网络技术的发展，以数字技术手段打造的虚拟世界，可互动感知的艺术方式，数字媒体的双向互动性，比如过山车面临的强烈肌肉张力和视觉刺激，增强了真实感的体验，因而，当我们看到、听到和触摸虚拟世界时，互动感和真实感会大大加强。让受众在这样的环境营造和互动体验中更易沉醉其中，忘记时间和空间，并在其中感受着中国传统文化的艺术韵味和文化精髓，潜移默化地进行着文化的传承活动。

中国传统文化想以数字化展现的方式吸引受众，并在加深其感官感受时，触动其内心对传统文化的热爱，在此过程中完成传统文脉的传承，沉浸式体验则成为互联网时代下的最佳路径。因而，在中国传统文化的数字化传播中以沉浸式体验增强其传播力则显得至关重要。要实现这种沉浸感，在当前的图像时代，则首先是在视觉图像的强化中吸引受众强烈的感官关注。这体现在对视觉的图像在画面展现上的精心体现。

对全息摄影、巨幕等技术和表现方式的追求和研究，正是人们在寻求更丰富多样的视幻觉，满足其对感官的需求和对更深沉浸感的向往。人们利用虚拟现实技术以可视化的方式，创建出看似十分真实的虚拟环境，让受众可以产生身临其境的沉浸感。在数字化建构的虚拟世界中，受众既可以观看周边的虚拟化环境，也可以与环境进行相应的互动，强化了沉浸感的真实感。随着虚拟技术应用的普及和直播视频的火爆，一种全新的沉浸传播方式也开始形成，受众的视野也得以更广阔的拓展。因而，在互联网时代下的以虚拟现实为代表的技术应用也成为打造视幻觉图像使受众进入沉浸式的心理体验的重要方式。而这也常常成为博物馆体验中的一种独特的艺术创作。

对虚拟现实技术进行更丰富、更具创造性的应用，让中国传统文化的数字化转译不但体现更深入的沉浸感和更高的艺术性，而且成为中国传统文化数字化传播的一个更高的阶段和要求，这也就是以数字技术支持的新媒体艺术，其最大的特点是把技术为艺术所用。通过数字技术，将光线、影像和声音等元素打造出一个如梦境般的数字化环境，并以大量的数字化互动装置构建的展览空间，给受众逼真的沉浸感体验的新媒体艺术，也面临更高层次的艺术享受。在中国传统文化的数字化传播中，对中国传统文化以这种更具艺术性的转变，不但对受众来说是对传统文化的认识和欣赏，而且是以艺术对自身精神的一种洗礼，这也是在艺术性和沉浸感中营造沉浸感体验的另一种最佳平衡。

沉浸式体验以精彩的视觉画面、VR技术让人环绕其中的现场感，以及光影等数字技术变幻打造的梦幻影像等，使受众自然而然地融入虚幻的场景之中，打破了时空的限制，虚拟世界和现实世界融合，受众真正置身于历史长河中感受着传统文化的流淌。中国传统文化的数字化传播正是从沉浸式体验中让受众找到感同身受的超强的代入感，受众不再只是置身事外的观众，而是能够直接参与整个事件，并拥有更加真切和深入的感官体验。这也必然会触发受众的心灵，而在这种数字化艺术中加入必要的互动行为也会进一步增强这种沉浸体验，对民族文化的传承产生强烈的认同感。这样一种在互联网时代下对受众来说的以沉浸式体验增强的长久吸引力，对中国传统文化的数字化传播力的增强具有极大优势。

（三）便捷：碎片化语境下的快速获取

互联网时代下的社会语境展现出明显的碎片化特质，这在人们面对海量的碎片化信息、从移动互联网腾飞下被割裂的碎片化时间及移动媒介催化下的碎片化传播方式等现状的表现来看，已然是不容争辩的事实。从某种程度来说，这正是技术的发展所面临的社会变化。历史多次验证，社会文化与技术变迁存在着相互作用的复杂辩证关系：一方面，新技术将会重构人的主体性和行为；另一方面，已经被重构的主体性也会进一步指引和推动新技术的变化和发展。互联网媒介技术的发展，尤其是移动媒介的飞跃与当前的碎片化社会文化语境的关系也正是如此。人类社会发展创新的历史，也许就是传播媒介技术的更迭史，印刷媒介的发明使传播方式变得多样而广泛；电视和广播等电子媒介的广泛应用，使信息源的传播朝着更加广阔、更加多元的方向发展；以移动互联网飞跃的发展为显著特征的互联网发展，则使信息源的传播速度、效率及深度和广度都有了显著的提高；而信息传播模式也在互联网面临的传播变革之下，从聚合型向发散型的发展。无所不在、无所不能的互联网在不受时间、空间、地域等限制的情况下，满足了受众的信息传播需求。它以其便捷、高效的传播优势，不但吸引更多受众的关注，而且以碎片化的方式推动信息的传播和流动，成为信息时代下的典型特征，也促使社会形态向碎片化发展。互联网媒介技术的发展使碎片化信息在地球村的迅速流动变成可能，并在传统媒介不断衰退等因素作用下，使社会的碎片化分割和碎片化特质愈加严重，成为现代社会转型的重要特点，更是当下碎片化社会语境形成的决定因素。

碎片化的社会语境把手中的生活也不断被碎片化分割，新兴媒介的层出不穷的创新传播方式及多样化的特征都促使信息不断膨胀，曾在传统媒介传播时代下的信息传播的权威性、整合性也被无情地碎片化，受众的意见取得更多阐明的机会，也受到了更多的关注，并逐渐开始对传播媒体的主流动态产生影响，甚至是指引其发展的走向，这就引起了社会传播模式整体向碎片化、大众化开始转变。可以说，互联网媒介技术的发展形塑当下的碎片化社会语境，但与此同时，碎片化的社会语境又指引主体对其碎片化传播模式的适应，这也引起碎片化的信息不断涌现和膨胀。因而，在当下的社会语境中，互联网信息也以极具个性化的内容输出，以及简洁迅速的信息组织方式遍布于整个信息网络空间，多重、零散和泛化等性质成为信息主体的重要特征。本质上是为了展现信息主体个性化的互联网碎片化信息传播，在信息传播需求的指引之下，将成为传播主体标志的信息传播话语权，从中心化模式不断分割去中心化的传播状态，这也使得当下的社会语境的碎片化更加严重。因而，互联网时代下的新媒介技术，尤其是移动媒介的发展与当下的碎片化社会语境，本质上正是高度依赖、相互形塑的一种关系。

此外，各个国家和民族在全球化背景下，不断进行跨文化的交流、渗透，甚至是异化而出现的世界化交互混杂的文化特质，致使社会价值体系日益多元化，这也成为碎片化社会语境产生的另一主要原因。与此同时，移动互联网时代下，个人门户信息渠道的创建不但满足了互联网语境中个体受众自我阐明的诉求，而且是对广大受众在快速的生活节奏引起的碎片化生活状态下，对短小精悍的移动化信息需求的满足。显然，个人门户下的碎片化信息和碎片化传播方式，以及对受众碎片化时间的弥补，更是从受众的现实需求层面，不断加速社会语境的碎片化状态。因而，中国传统文化若想在如此的碎片化社会语境中得以迅速传播，除了使其数字化艺术方式能在信息的海洋中脱颖而出，吸引受众的关注外，更需要以恰当的数字化艺术转译策略适应这种碎片化社会语境，找到最佳的传播方式。而"便捷"的体验，应是既强调快捷地获取艺术内容，又需要随时随地欣赏或者操作的方式。从某种程度来说，这是碎片化社会语境下最佳的解决之道。因而，在中国传统文化的数字化艺术转译策略上，"便捷"成为重要的关键词。这能充分利用受众的碎片化时间，并满足其个性化需求，使受众达到不受时间和空间限定的一种随手可得、随时随地可观可用可分享的状态，不但在很大程度上适应了碎片化社会语境，而且充分利用了其碎片化传播特质，加强了中国传统文化的数字化传播力。中国传统文化的数字化艺术方式要在碎片化的社会语境中实现"便捷"化的传播方式，则应在数字化艺术转译中注意以下几个方面。

首先，应适移动互联网的时代特征。数字化转译的艺术方式适合以智能手机为代表的移动媒介的应用，可以满足受众迅速获取、随时可达的需求。不论是国内还是国外，智能手机的意义早已超越了移动媒介。随着现代社会碎片化特征的加剧，人们对智能手机的依赖性也越来越高，吃饭、等车、乘地铁、睡前等各种生活场景，手机不离手已是现代人们生活的普遍状态，智能手机以深入而细微的方式不断渗入人们的生活，甚至似乎是与现代人是共生的。倘若意识不到这一点，不能让智能手机成为首选的传播媒介，从某种程度来说，是一种逆势而为，必然无法完成对中国传统文化的发扬和传承的目的。因而，中国传统文化的数字化转译的艺术方式应适用移动媒介的使用，且易在移动互联网时代下进行传播。不论是以中国传统文化为主要内容设计的移动APP还是数字艺术的微视频，都是适用移动媒介的艺术方式，方便受众随时随地查看。

其次，除了要在艺术方式上适用移动媒介之外，中国传统文化的数字化转译还应在传播内容上强化"内容简明、重点突出"的原则。这既可以使受众在不受场景限制之下，迅速抓住其关注的核心要义，短时间内完成艺术内容体验，以此适应碎片化的时间和环境，又符合年轻受众的交流和传播方式，便于其能够在互联网上得以迅速传播。

最后，中国传统文化的数字化转译还需要适应当下以短视频、微信、微博等为主导的传播媒介平台，并借助其平台的传播优势和极大的影响力，达到借"他山之石可以攻玉"的传播效果，实现受众在碎片化语境下迅速获取的便捷需求。即便某些中国传统文化已然拥有了一些数字化阐明方式，诸如数字化艺术游戏、动漫影视艺术等，但也应在原艺术方式基础上，创造一个满足"短、平、快"特点的数字化艺术作品在此类媒介平台进行传播。尤其是深受广大人民群众喜爱的各种视频软件，这些软件原本以转播已有电影、电视剧、综艺节目等影视作品为主要业务，随着互联网和受众需求多样化的迅速发展，纷纷进军自主原创影视作品领域，从拍网剧、拍电影到自制综艺节目、纪录片，其作品的品位和质量、精品率和点击收视率都不亚于传统影视公司、电视台的作品，在新媒体的大浪潮中占得先机。

同时，中国传统文化的数字化转译在碎片化的社会语境中既要达到迅速获取、迅速传播的目标，又要坚持中国传统文化特有的文化意蕴的延续性和回味的绵延性，而不是为了适应碎片化的社会语境，以碎片化的传播方式对中国传统文化的整体意蕴进行无原则的切割，如果是这样，那将是一种本末倒置的行为。不管是适应移动媒介的要求还是迅速获取的传播需求，便捷原则都是在互联网时代语境下，在深刻了解受众的基础上，利用时代的优势对中国传统文化的数字化传播的一种重要补充。显然，这不是唯一的策略，却是当前碎片化社会语境下弥合碎片化时间的重要方式。在中国传统文化的数字化转译中，需要深沉绵长，能展现中华文明内涵厚度的艺术阐明，诸如数字艺术电影能让人沉醉其中，获得回味无穷的艺术体验，但更需要在文明的厚度和迅速传播之间达到较好平衡的数字艺术阐明成为补充。因为在这样的碎片化社会语境中，所有人的大部分时间都是被割裂的碎片化状态，而此便捷的碎片化传播则显得格外重要，所以这也是中国传统文化数字化传播的经历"由表及里""由浅入深"的前期引入阶段的关键一步。

（四）交互：新技术支持下的情景互动

无论是数字游戏互动推动情节发展的趋势，公众号后阅读评论，还是观看网络文化综艺时观看弹幕评论，都是网络赋予观众的互动行为。同时，在互联网为受众创造更多互动机会的同时，受众的自我阐明和互动意识也在不断觉醒，这就要求数字化艺术作品想要吸引受众，还需要更多样化的互动方式。从某种程度上说，互联网发展到新阶段的一个主要标志是互动程度的提高，它反映了从互动方式到互动技术的全面发展。AR、VR、大数据等数字媒体技术也为丰富的互动模式提供了更多的可能性，可以利用于传统文化的数字阐明，重新发现、整合、复制和再现传统文化，推动了新奇多样的传统文化和艺术阐明的出现。比如，VR、AI等技术可以对已经消失的艺术或不方便展示的文物进行更生动、更全面的展示和再现。除此之外，通过VR面临沉浸式的传统剧目、书画、舞台表演等，能让受众对其艺术的感受更加真切和愉悦。而恰到好处的互动无疑是加深了这种美好体验。"技术让某种先前遮蔽的东西显现出来，文化则是对本身已然形成的东西进行培育。"著名的德国思想家、经济伦理学家科斯洛夫斯基将技术看作"去弊"的方式。显然，以先进的互联网技术为基础的新媒介为传统文化的传播提供了较强的交互性、沉浸性等特质的媒介，尤其是在新技术打造的亦幻亦真的情景之下，赋予受众恰当的互动，则使其形成极强的参与度，并在心中留下不可磨灭的印记。因而，以中国传统文化为源泉打造的情景互动，也必然更易让年轻人爱上。

数字艺术的情境互动性实际上是人们在设定的虚拟世界中对操作对

131

象的控制程度，以及从环境中获得反馈的自然程度。到目前为止，已知的交互方式主要根据功能分为视觉交互和行为交互。视觉互动，顾名思义，是用户与计算机图像在视觉层面上的互动。随着用户视线和动作的变化，计算机可以实时生成新的图像。这样的互动实现，要求计算机系统在每秒钟内具有感应60次不同方位动作的能力，并至少要有30Hz—60Hz的图像更新频率。只有如此，人们才能同步感受到图像的不断变化，如同在真实的世界中感受到事物持续动态变化一样，并强化其身临其境的代入感。但无论视觉交互如何表现，对于人们来说，其仍然只是一个幻象而已，无法感触到其重量、动态及质感的体验，也必然会减弱其交互的互动性和参与感。而行为交互，从行为层面与虚拟空间中操作对象的互动体验则可以很好地弥补视觉交互在此方面的不足。行为交互主要经过对虚拟世界的物体实施以材料学、运动学或者动力学等属性，利用计算机系统将这些属性传输到人的手腕、手指等可控制的设备上，使人们在与这些虚拟物体的互动中，形成与真实事物几乎一样的刺激和反馈体验，这显然能够使人们沉浸其中，拥有最佳的参与体验。创作者与接受者在艺术实践中几乎是完全隔离的状态，接受者只能经过艺术作品与创作者达到情感上的交流体验，跨越作品进行直接的交流几乎是不可能的，这也成为传统艺术实践的主要特点。以VR为代表的高科技技术在现代艺术中的应用，尤其是情景互动的设计则改变了这一认知，互动则成为主题。在这样的艺术创作中，对受众反应的关注成为其主要特点，大部分作品也从受众角度出发思考，让受众主动地进行互动成为现代艺术创作的主要条件，更重要的是，互动的独特艺术阐明语言，也成为架起创作者和接受者进行真正交流和沟通的桥梁。这与传统的艺术创作和传播过程中，欣赏者并无实质性的参与，与作品的互动也是被动的相比较来说有很大不同。此类艺术作品不但最大化地关注受众的感受和体验，而且让创作者放飞自己的创造力和想象力，以独特别致的创意彰显自我个性。这样的个性化艺术作品的阐明本身就是创作者艺术魅力的一次释放，尤其是视、听、触等感官元素和互动体验的恰当应用，更成为吸引受众关注和喜爱的关键所在。

第四节　提高传统文化的对外影响力

时代在不断向前发展，中国传统文化兼济天下、和平共处、开放包容的精神内涵也要与时俱进。

一、促进新媒体对外传播技术的研发应用

中国国家治理现代化和对外开放格局不断深化，引起新领域的根本性变化，在新方法和新方向的改变下，新媒体技术也提出了新的要求和创新的关键环节，如媒体技术的概念、内容、模式和管理文化交流，如果我们不能利用新媒体技术，国际交流能力无法提高，最终会削弱国际文化竞争力。

因而，我国应加强新媒体技术的研发和应用，推动外部传播治理体系和传播能力的现代化，提高国家文化软实力。第一，创新和发展中国自主的新媒体技术。将互联网信息技术与媒体相结合，突破传统观念和技术的束缚，在信息采集、信息编辑、信息生成、信息传播等方面，发展文化信息的多渠道。加快研究开发步伐，为中国传统文化的对外传播提供技术支持；第二，创新对外传播理念，丰富对外传播的文化内涵。多元文化的交流、碰撞、开放、包容、高度融合是文化国际传播的目标取向；第三，加快新媒体技术应用，扩大技术应用范围。加强新媒体技术的培训、学习和应用，推动新媒体技术在外交、学术交流和日常生活等多个领域、部门和群体的应用。

二、讲好中国传统文化内容

只有科学阐释其哲学思想、人文精神、世界意义、道德内涵，并经过通俗易懂的传播方式，才能被受众所接受和认可。

要弘扬和传播中国传统文化，首先，充分挖掘中国传统文化的精神内涵，特别是要适应时代发展和世界多元文化融合的趋势；其次，研究和解读中国传统文化的内涵，加强中国传统文化的吸引力；最后，我们需要讲好中国的故事，让中国的声音被世界听到。在对外交流中，"说"是人们倾听并积极阐明自己的交流过程。能否说得好，反映了交际内容的质量，是否能被人们理解，以及交际主体的能力。"讲"是叙述者与受众之间信息交换、形象塑造、情感沟通和话语阐明的互动方式，包括宣传、指引、交流、沟通、塑造等沟通功能。

三、扩大中国传统文化的对外传播范围

（一）微观措施

1. 准确挖掘中国传统文化的现代价值

创新中外文化观念，挖掘时代发展所需的文化价值内涵，创造具有时代意识和世界意识的现代文化，是当前对外文化交流的重点任务。但是，在对外文化交流中，应避免一些传统文化因素，如等级观念、尊卑观念，以及一些过于讲究效率和效益的物质文化。要准确、精当、适度地运用传统文化资源，在实施跨文化交流和文化外交过程中，树立国家威望。挖掘和转变中国传统文化资源的博大精深，成为造福世界人民的文化产品，传播中国传统文化的价值精华，不断提高世界对中国传统文化的认可度，并有效地向世界推广中国传统文化。

2. 实行有针对性的文化输出战略

加强对外文化传播，让中国传统文化走向世界，让世界各地的人们了解当代中国的发展和中国人的新面貌。各国的文化本质是不同的，文化特征是不同的，成功的文化输出策略是基于对这一情况的深入分析和理解的。

文化传播在坚持中国传统文化风格的同时，也要充分把握外国受众的传播思维特点，塑造不同于其他方式的文化是国民对文化的理解，因而，为了达到预期的外部文化传播效果，有必要根据传播对象的差异化文化和心理特征采取适当的方法。也就是说，文化传播，尤其是外部文化传播，

是最有效的传播方式。

对外文化交流应注重针对性。要根据不同的民族文化和目标受众的疑虑，以易于理解和被外国受众接受的方式阐明我们的文化内容，结合真实感受，坦率地阐明我们的想法。通过多样化的话语思维和阐明习惯，推动中国传统文化与不同地区、不同类型的外国观众的无缝连接和全面贴近，更好地理解和接受中国传统文化。

3. 搭建符合国际受众心理需求的传播方式

传播内容的无界性是外来文化传播和全球文化传播的特征之一。因而，今天的传播打破了国内受众与国际受众的界限，即形成内部宣传与外部宣传。中国媒体所使用的新闻语言、话语阐明方式、风格和词汇越来越脱离中国的现实和中国的战略发展方向。

中国对外传播的理念必须在一定程度上，根据中国的总体发展战略做出适当的调整和变化。所谓的"中国立场、国际阐明"和"中国故事、国际叙述"，展现了对外传播的真实意义。

4. 有层次地对外传播中国传统文化

在传播中国传统文化时，弄清中国传统文化的层次是非常重要的。文化既有外在的表现方式，也有内在的层次和结构。一些学者将文化分为三个层次：高级文化（哲学、艺术、科学等）、大众文化（风俗习惯、生活方式、人际关系等）和深层文化（价值观、个人角色、社会组织、行为准则等）。根据外部文化传播的特点，文化可以分为表层文化和深层文化，具有很强的可操作性。

根据上面的分层理论，在向外界传播中国传统文化的过程中，我们可以按照这个层次逐层传播中国传统文化。第一层次是思维、理解、意见、观点等，其核心内容是价值观和思维方式；第二层次是文化客体、文化习俗和文化符号，包括哲学家的作品、作家的文学作品和日常的文化习俗和符号，这不但便于外国文化交流，有利于外国受众接受和了解中国传统文化，而且能增强沟通的有效性。

（二）宏观措施

1. 对外援助与文化传播相结合

对外援助是指为政治、经济、文化和人道主义目的，以优惠资金、物质、技术、文化、人类行为等方式向受援国或国家集团（国家、国家集团、国际组织、非政府国际组织、社会组织和个人）提供的援助，情报和其他帮助。

（1）对外援助推动了对外文化软实力的提升

对外文化交流实际上是一个国家释放文化软实力的过程。它通过传播文化价值观对外国产生影响，反映一个国家文化的渗透力和吸引力。文化软实力的作用和影响经过各种传播手段得以扩大和传播。文化软实力的存在也突出了传播手段。一个国家的文化交流取决于文化软实力的国际吸引力。在当代，文化软实力不但是推动一个国家经济政治的发展、增强综合国力的重要力量，而且是提升国家话语权、影响世界关系秩序走向的重要因素。

对外援助成为一种软实力，正是获得国际话语权的最佳途径之一。在国际上，基于援助国的对外援助行为，也提高了自己的国际形象，提高了世界对自己国家的接受度和认可度。

（2）通过对外软援助，在受援国传播中国价值观

总结对外援助的经验，对外软援助是最有效的援助方式之一。比如，外国教育援助可以为受援国培养各类人才，为受援国经济社会发展提供人才支持和智力支持，同时帮助受援国在可持续发展的良性轨道上不断前进。它可以培养一群对援助国有深厚感情的友好人士，提高援助国在受援国人民心目中的形象；对外医疗援助直接面向受援国普通民众，可以更好地培养受援国与援助国友好关系的舆论基础。近年来，中国在保证对受援地区和国家硬援助比重不降低的同时，越来越多地采用软援助的方式。软援助方式灵活，涉及面广，实施效果在一定程度上优于硬援助。软援助的内容主要包括技术合作、人力资源开发与合作、紧急人道主义援助和志愿服务。以文化教育、医疗服务、志愿服务等为主要方式的对外软援助，改善了受援国的软环境，在受援国传播中国传统文化价值，并以软援助的方式向世界推广中国传统文化。

2．增强文化外交文化传播作用

（1）在对外交往中传播"和谐世界"新型国际政治理念

中国对国际政治文化的概念可以概括为"和谐文化"。我们所说的"和谐"，是指团结合作、人民和睦、国家和平共处。"和谐文化"的概念更符合当前国际政治的基本准则。

"和谐思想"是中国国内政治和对外战略的宏观指导原则。在价值层面，和谐思想认为和谐是核心，正义是前提；在国际层面，和谐思想以平等为基础，以法律制度为保障；在国家层面，包容和互利是最好的方式。

（2）在对外交往中彰显中国传统文化的独特魅力

在国际交往中彰显中国传统文化的独特魅力，就必须以国家文化软实力为基础，培养民族文化魅力；培养民族文化的魅力，就必须全面认识和客观评价世界民族文化影响力和吸引力的现状。

培育中国传统文化的魅力，便是创建符合中国的发展和中华民族伟大复兴要求的崭新的中国传统文化。它是实现中国传统文化、革命建设改革文化和外国优秀文化有机融合的一种文化方式。从人们的日常生活方式中挖掘、发现、提炼出最能体现这个国家的文化精神。整理出最能代表这个国家人民生活方式的典型风格，如饮食、节日、民间工艺、民俗等，创新推广，使之成为代表民族文化的经典名片，彰显中国传统文化的魅力。

参考文献

［1］孙宏典，杜超，张桂枝．中国传统文化导论［M］．河南人民出版社，2007．

［2］朱耀廷．中国传统文化通论［M］．北京大学出版社，2005．

［3］陈江风．中国传统文化导论［M］．北京航空航天大学出版社，2012．

［4］高云．传统文化传播路径创新问题研究［M］．社会科学文献出版社，2013．

［5］张玲菲，孙峰岩，吴莎．新媒体环境下传统文化对大学生素质教育作用的研究［M］．吉林文史出版社，2019．

［6］袁静．新媒体时代体育文化传播策略创新浅析［J］．新闻爱好者，2018（12）：89-91．

［7］程亮、颜复萍．新媒体时代传统文化的传播特征与对策探究［J］．中国传统文化论坛，2010（4）：118-121．

［8］徐海朋．新媒体视角下的传统体育文化传播策略探析［J］．新闻传播，2018（24）：46-47．

［9］余英时．我对中国文化与历史的追索——在2006年克卢格奖颁奖仪式上的演讲》［J］．中国文化，2007（1）．

［10］张昭军，徐娟．文化传播与文化增值——以《〈泰西新史揽要〉在晚清社会的传播为例》［J］．东方论坛，2005（4）：65．

［11］黄丹．新媒体时代中华传统文化传承的困境与反思［J］．重庆邮电大学学报（社会科学版），2017，29（05）：75-80．

［12］晏青．泛娱乐时代的传统文化传播：困境、方法与走向［J］．广西师范学院学报（哲学社会科学版），2015，36（3）：144-147，156．

［13］马宁．移动互联网络的场景构建与传播模式变迁［J］．现代传播（中国传媒大学学报），2016，38（06）：138–142．

［14］邵培仁，沈珊．构建基于新世界主义的媒介尺度与传播张力［J］．现代传播．2017（10）．

［15］张黎．从民族性到民族化——设计中传统民族文化符号运用的分析［J］．南京艺术学院学报（美术与设计版），2008（02）：133–135．

［16］李沁．沉浸传播：第三媒介时代的传播范式［M］．北京：清华大学出版社，2013．

［17］陈阳．乡村振兴战略背景下齐鲁优秀传统文化传播研究——评《齐鲁文化》［J］．科技管理研究，2021，41（18）：20．

［18］王伟．新媒体语境下地方传统文化传播策略探析［J］．2021（5）：51–53．

［19］孙晓红．论地方文化传承与媒体责任担当［J］．中国报业，2018（12）：12–13．

［20］王春红．对外汉语教学中的中华传统文化传播策略［C］//2020全国教育教学创新与发展高端论坛会议论文集（卷一）．2020．

［21］郭丽云，李伟霞．略论新媒体时代的乡村传统文化传播［J］．2021（2020–3）：54–62．

［22］张弛．纪录片提升传统文化的传播效果研究——评《纪录片的文化传播策略研究》［J］．新闻与写作，2021（5）：3．

［23］李莉．新媒体环境下中华优秀传统文化传播的路径探析［J］．新闻知识，2020（11）：25–30．

［24］魏加晓．新媒体对中国传统文化传播的影响——评《新媒体环境下优秀传统文化传播机制研究》［J］．新闻与写作，2020（5）：114．

［25］付姝姣．传统文化传播的创新策略研究——基于数字媒体的视角［J］．出版广角，2020（23）：67–69．

［26］王竹君．新媒体语境下中国传统文化的传播与传承［J］．国际公关，2017（6）：68–75．

［27］胡超．高语境与低语境交际的文化渊源［J］．宁波大学学报

（人文科学版），2009，22（04）：51-55.

［28］林昱君．新媒体背景下的艺术传播探析［J］．新媒体研究，2017，3（18）：78-79.

［29］李丹．自媒体时代的把关人角色定位［J］．西部广播电视，2017（09）：20.

［30］孙耘．试论新媒体的传播风险及其规避策略［J］．传媒评论，2019（01）：95-96.

［31］王安娜．新媒体对中国传统文化传播的促进性影响研究［J］．科教导刊：电子版，2020（4）：297.

［32］常冬．跨文化传播的困境与可能——以孔子学院在全球的发展为例［D］．上海：华东师范大学，2010.

［33］李建军．中华文化走出去新视角［J］．新疆师范大学学报（哲社版），2015（7）.

［34］梅春英，黎丽．中华文化走向世界面临的问题及其对策［J］．绍兴文理学院学报，2015（5）.

［35］温丽君．新媒体视域下中国传统文化的传播方式与途径［J］．新闻研究导刊，2021（1）：235-236.

［36］孙银银．中国传统文化的创新传播途径研究［J］．中国文艺家，2019（6）：101.

［37］巩向飞．从受众角度探析孔子学院对外文化传播的策略——基于《中国文化印象》调查数据的分析［J］．新闻传播，2014（11）：6-9.

后　记

　　文化是民族生存和发展的重要力量，人类的每一次变革无不伴随着文化的传承、发展与进步。中国传统文化是中华民族的"根"和"魂"，是中华文明发展进步的精神力量。对中国传统文化的传播、传承、弘扬与创新，既是坚定文化自信的内生动力，又是建设社会主义文化强国的精神标识。同时，在经济全球化、文化多元化的今天，文化已经成为世界各国争相角逐的场地。文化是一个国家综合国力的组成部分，对政治、经济、军事、外交的影响重要而深远。我国高度重视文化对外传播工作，在国际舞台上和外交场合，多次向世界各国阐释中国传统文化，将爱好和平、向往和平、奋发有为的中国故事讲给世界各国，传播到世界各地。世界是一个你中有我、我中有你的整体，人类只有在世界交往、信息传播、情感沟通的过程中，才能实现物质生产和精神生产的共享。

　　笔者在撰写过程中通过大量的材料收集与理论辅佐，对本书进行了一个整体的框架探讨，并在保证本书内容生动且丰富的基础上进行层层论述，以求能够找到适合于新媒体时代中国传统文化传播的有益之路。

　　关于新媒体时代中国传统文化传播的研究没有休止符。本书对新媒体时代中国传统文化的传播具有切实的指导和借鉴意义。

　　本书在撰写的过程中借鉴了许多专家学者的相关研究成果和资料，笔者在这里对他们表示诚挚的谢意！